समय का सरल
और
संक्षिप्त इतिहास

समय का सरल और संक्षिप्त इतिहास

स्टीफ़न हॉकिंग

लियोनार्ड म्लोडिनाउ

अनुवाद : मदन सोनी

MANJUL

मंजुल पब्लिशिंग हाउस

MANJUL

मंजुल पब्लिशिंग हाउस

कॉरपोरेट एवं संपादकीय कार्यालय

• द्वितीय तल, उषा प्रीत कॉम्प्लेक्स, 42 मालवीय नगर, भोपाल-462 003

विक्रय एवं विपणन कार्यालय

• सी-16, सेक्टर 3, नोएडा, उत्तर प्रदेश, 201301

वेबसाइट : www.manjulindia.com

वितरण केन्द्र

अहमदाबाद, बेंगलुरू, भोपाल, कोलकाता, चेन्नई,
हैदराबाद, मुम्बई, नई दिल्ली, पुणे

स्टीफ़न हॉकिंग द्वारा लिखित मूल अंग्रेजी पुस्तक
अ ब्रीफ़र हिस्ट्री ऑफ़ टाइम का हिन्दी अनुवाद

A Briefer History of Time by Stephen Hawking – Hindi edition

यह हिन्दी संस्करण 2023 में पहली बार प्रकाशित
द्वितीय आवृत्ति 2024

ISBN 978-93-5543-460-9

अनुवाद : मदन सोनी

मुद्रण व जिल्दसाज़ी : रेप्रो इंडिया लिमिटेड

विषय-सूची

प्रस्तावना

इस किताब का शीर्षक 1988 में पहली बार प्रकाशित एक अन्य किताब के शीर्षक से केवल दो अक्षर अलग है। *अ ब्रीफ़ हिस्ट्री ऑफ़ टाइम* 237 हफ़्तों तक लंदन के *संडे टाइम्स* की बेस्ट सेलर सूची में रही थी और पृथ्वी के प्रत्येक 750 मर्दों, औरतों, और बच्चों में से एक ने इसकी एक प्रति ख़रीदी थी। यह एक ऐसी किताब के संदर्भ में अद्भुत सफलता थी, जो आधुनिक भौतिकी के कुछ बेहद मुश्किल मुद्दों से उलझती है, लेकिन वे बेहद मुश्किल मुद्दे उतने ही ज़्यादा रोमांचकारी भी हैं, क्योंकि वे बहुत बड़े और बुनियादी सवालों पर केंद्रित हैं : हम ब्रह्मांड के बारे में वास्तव में क्या जानते हैं? हम उसे किस तरह जानते हैं? ब्रह्मांड की उत्पत्ति कहाँ से हुई और वह किस दिशा में जा रहा है? ये सवाल *अ ब्रीफ़ हिस्ट्री ऑफ़ टाइम* का मूल तत्त्व थे और वे इस किताब के केंद्र में भी हैं।

जिन वर्षों में *अ ब्रीफ़ हिस्ट्री ऑफ़ टाइम* का प्रकाशन हुआ था, हमें तमाम उम्र, तमाम व्यवसायों से जुड़े लोगों और सारी दुनिया के अन्य लोगों की प्रतिक्रियाएँ प्राप्त हुई थीं। इन प्रतिक्रियाओं में एक अनुरोध बार-बार किया गया था : किताब का एक ऐसा नया संस्करण तैयार किया जाए, जिसमें *अ ब्रीफ़ हिस्ट्री* का सारतत्त्व तो बरक़रार रहे, लेकिन जिसमें सबसे ज़्यादा महत्त्वपूर्ण अवधारणाओं को ज़्यादा स्पष्ट तरीक़े से और ज़्यादा इत्मीनान से समझाया गया हो, हालाँकि हम उम्मीद कर सकते हैं कि इस तरह की किताब का शीर्षक *अ लेस ब्रीफ़ हिस्ट्री ऑफ़ टाइम* होता, लेकिन जो प्रतिक्रियाएँ प्राप्त हुई थीं, उनसे यह बात स्पष्ट थी कि थोड़े-से पाठक ऐसे हैं, जो भारी-भरकम प्रबंध व्याख्यान चाहते थे। एक ऐसा व्याख्यान, जो ब्रह्मांड विज्ञान के कॉलेज स्तर के कोर्स के उपयुक्त हो।

इसीलिए यह प्रस्तुत दृष्टिकोण अपनाया गया है। *यह किताब (अँग्रेजी संस्करण अ ब्रीफ़र हिस्ट्री ऑफ़ टाइम)* लिखते हुए हमने मूल किताब की महत्त्वपूर्ण विषय-वस्तु को बरक़रार रखते हुए उसे विस्तार दिया है, लेकिन उसकी लंबाई और पठनीयता का ध्यान रखा है। यह निश्चय ही संक्षिप्ततर इतिहास है, क्योंकि इसमें कुछ अत्यंत तकनीकी विषय-वस्तुओं को छोड़ दिया गया है, लेकिन हमें लगता है कि हमने किताब की मूलभूत सामग्री की और अधिक गहराई में जाते हुए इस कमी की भरपाई कर दी है, जो वास्तव में इस किताब के केंद्र में है।

हमने इस अवसर का लाभ उठाते हुए किताब को अपडेट भी कर दिया है और उसमें नए सैद्धांतिक तथा पर्यवेक्षणपरक नतीजों को शामिल किया है। भौतिकी की सारी शक्तियों का एक पूरी तरह से एकीकृत सिद्धांत हासिल करने की दिशा में हाल ही के वर्षों में जो प्रगति हुई है, उसका निरूपण भी *इस किताब* में किया गया है। किताब में ख़ास तौर पर स्ट्रिंग थ्योरी और भौतिकी के ऊपरी तौर पर भिन्न प्रतीत होने वाले सिद्धांतों के बीच के उन 'द्वंद्वों' या संगतियों के बारे में बात की गई है, जो इस बात के सूचक हैं कि भौतिकी का एक एकीकृत सिद्धांत है। किताब के पर्यवेक्षणपरक हिस्से में कई महत्त्वपूर्ण नए पर्यवेक्षण शामिल किए गए हैं, जैसे कि कॉस्मिक बैकग्राउंड एक्सप्लोरर उपग्रह (सीओबीई) और हबल स्पेस टेलेस्कोप द्वारा किए गए पर्यवेक्षण।

लगभग चालीस साल पहले रिचर्ड फ़ेनमैन ने कहा था कि ''हम ख़ुशक़िस्मत हैं कि हम ऐसे युग में रह रहे हैं, जिसमें हम अभी भी खोजें कर रहे हैं।'' आज हम किसी भी समय के मुक़ाबले में ब्रह्मांड की प्रकृति को समझने के ज़्यादा नज़दीक हैं। इस किताब को लिखते हुए हमारा लक्ष्य इनमें से कुछ खोजों के रोमांच और उनके नतीजे में सामने आ रही वास्तविकता की नई तसवीर को साझा करना है।

1

ब्रह्मांड के बारे में सोचते हुए

हम एक विचित्र और अद्भुत ब्रह्मांड में रहते हैं। इसकी आयु, आकार, प्रचंडता और सुंदरता को समझने के लिए असाधारण कल्पना की ज़रूरत है। हम मनुष्य इस विराट ब्रह्मांड की जितनी जगह घेरे हैं, वह नितांत तुच्छ-सी है। इसलिए हम इस सब कुछ को समझने और यह जानने की कोशिश करते हैं कि हम इसमें किस तरह फ़िट बैठते हैं। कुछ दशक पहले एक जाने-माने वैज्ञानिक (कुछ लोगों का कहना है कि वे बर्ट्रेंड रसल थे) ने खगोलशास्त्र पर सार्वजनिक व्याख्यान दिया था। उन्होंने इस बात का निरूपण किया था कि किस तरह पृथ्वी सूर्य की परिक्रमा करती है और वैसे ही किस तरह यह सूर्य हमारी आकाशगंगा (गैलेक्सी) के नाम से ज्ञात नक्षत्रों के एक विराट समूह के केंद्र की परिक्रमा करता है। व्याख्यान के अंत में, व्याख्यान-कक्ष के पीछे बैठी एक वृद्ध महिला उठ खड़ी हुई और बोली, ''आपने हमसे जो कुछ कहा है, वह बकवास है। यह दुनिया वास्तव में एक सपाट प्लेट है, जो एक विराट कछुए की पीठ पर सधी हुई है।'' जवाब देने के पहले वैज्ञानिक ज़ोरदार ढंग से मुस्कराए, ''ये कछुआ किस चीज़ पर खड़ा हुआ है?'' ''आप बहुत चतुर नौजवान हैं, बहुत चतुर,'' वृद्ध महिला ने कहा। ''लेकिन नीचे तक कछुए ही कछुए हैं!''

आज ज़्यादातर लोगों को कछुए के अनंत टॉवर के रूप में ब्रह्मांड की छवि किंचित हास्यास्पद लगेगी, लेकिन हमें ऐसा क्यों सोचना चाहिए कि हम बेहतर जानते हैं? स्पेस के बारे में आप जो भी जानते हैं - या आप सोचते हैं कि आप जानते हैं - उसे पलभर के लिए भूल जाइए। इसके बाद ऊपर रात के आकाश की ओर देखिए। रोशनी के उन बिंदुओं के बारे में आपको क्या समझ में आता है? क्या वे छोटी-छोटी चिंगारियाँ हैं? यह कल्पना करना मुश्किल होगा कि वे वास्तव में क्या हैं, क्योंकि वे जो हैं, हमारे साधारण अनुभव के बहुत परे हैं। अगर आप नियमित रूप से नक्षत्रों को देखते हैं, तो आपने शाम के धुँधलके में क्षितिज के क़रीब मँडराती एक झिलमिलाती-सी रोशनी देखी होगी। यह एक ग्रह है बुध, जिसमें हमारे ग्रह जैसा कुछ भी नहीं है। बुध का एक दिन इस ग्रह के दो-तिहाई वर्ष तक तक जारी रहता है। जब सूर्य निकलता है, तो इसका

तापमान 400 डिग्री सेल्सियस तक चढ़ जाता है और रात की ख़ामोशी के दौरान लगभग −200 डिग्री सेल्सियस तक गिर जाता है। बुध हमारे ग्रह से जितना भी भिन्न हो, लेकिन उस सामान्य नक्षत्र की कल्पना करने जितना मुश्किल नहीं है, जो एक विराट भट्टी की तरह होता है, जिसमें हर सेकंड अरबों पाउंड मैटर जलता है और जिसका तापमान उसके सबसे भीतरी भाग में लाखों डिग्री तक पहुँच जाता है।

एक और चीज़, जिसकी कल्पना करना मुश्किल है, वह यह है कि ग्रह और नक्षत्र वास्तव में कितनी दूरी पर हैं। चीन के प्राचीन लोग पत्थर की मीनारें बनाया करते थे, ताकि वे नक्षत्रों को क़रीब से देख सकें। यह सोचना स्वाभाविक है कि नक्षत्र और ग्रह उससे बहुत ज़्यादा क़रीब हैं, जितने वे वास्तव में हैं – आख़िरकार, हमारे रोज़मर्रा के जीवन में अंतरिक्ष की विराट दूरियों का हमें कोई अनुभव नहीं होता। वे दूरियाँ इतनी बड़ी हैं कि उन्हें उस तरह फ़ीट या मीलों में नापने का कोई अर्थ नहीं रह जाता, जिस तरह हम ज़्यादातर लंबाइयों को नापते हैं। इसकी बजाय हम प्रकाश-वर्ष का इस्तेमाल करते हैं, जो वह दूरी होती है, जिसे प्रकाश एक वर्ष में पार करता है। एक सेकंड में प्रकाश की एक किरण 186,000 मील का सफ़र तय करती है, इसलिए प्रकाश-वर्ष बहुत लंबी दूरी है। सूर्य से इतर, हमारे सबसे नज़दीक का जो नक्षत्र है, जिसका नाम प्रॉक्सिमा सेंटॉरी है (जिसे अल्फ़ा सेंटॉरी सी के नाम से भी जाना जाता है), वह चार प्रकाश-वर्ष दूर है। वह इतनी दूर है कि वहाँ तक पहुँचने में आज के सबसे तेज़ रफ़्तार अंतरिक्ष-यान (या जिनको बनाने पर विचार किया जा रहा है) को भी लगभग दस हज़ार वर्ष लग जाएँगे।

प्राचीन काल के लोगों ने ब्रह्मांड को समझने की ज़बरदस्त कोशिश की थी, लेकिन वे तब तक हमारे जैसा गणित और विज्ञान विकसित नहीं कर पाए थे। आज हमारे पास शक्तिशाली औज़ार हैं : गणित और विज्ञान जैसे दिमाग़ी औज़ार, और कंप्यूटर तथा दूरबीन जैसे टेक्नोलॉजिकल औज़ार। इन औज़ारों की मदद से वैज्ञानिकों ने अंतरिक्ष के बारे में ढेरों ज्ञान एकत्र कर लिया है, लेकिन हम ब्रह्मांड के बारे में वास्तव में क्या जानते हैं, और हम इसे कैसे जानते हैं? ब्रह्मांड आया कहाँ से है? और वह कहाँ जा रहा है? क्या ब्रह्मांड की कोई शुरुआत है, और अगर है, तो उसके पहले क्या हुआ था? समय की प्रकृति क्या है? क्या इसका कभी अंत भी होगा? क्या हम समय में पीछे जा सकते हैं? भौतिकविज्ञान में आंशिक रूप से नई टेक्नोलॉजी से संभव हो सकी हाल की खोजें; लंबे समय से अनुत्तरित इनमें से कुछ सवालों का जवाब सुझाती हैं। एक दिन आएगा, जब ये जवाब हमें इतने ज़ाहिर-से लगने लगेंगे, जितना पृथ्वी का सूर्य की परिक्रमा करना लगता है – या उतने ही हास्यास्पद लगेंगे, जितना कछुओं की मीनार लगती है। केवल समय (वह जो भी कुछ हो) ही बताएगा।

2

हमारे ब्रह्मांड की उभरती हुई तसवीर

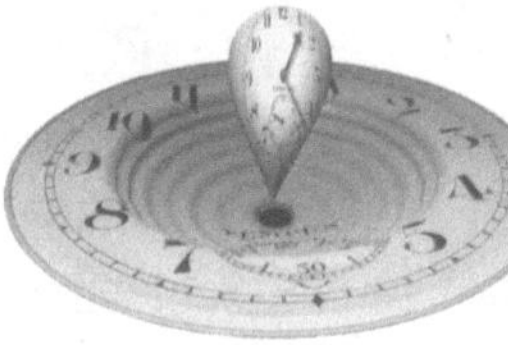

हालाँकि, क्रिस्टोफ़र कोलंबस के समय तक ऐसे लोग आसानी-से मिल जाते थे, जिनका सोचना था कि पृथ्वी चपटी है (यहाँ तक कि ऐसे कुछ लोग आपको आज भी मिल सकते हैं), तब भी हम आधुनिक खगोलविज्ञान की जड़ें प्राचीन यूनानियों तक खोज सकते हैं। ईसापूर्व 340 के आस-पास यूनानी दार्शनिक अरस्तू ने एक किताब लिखी थी, जिसका नाम था *ऑन द हैवन्स*। उस किताब में अरस्तू ने इस विश्वास के पक्ष में अच्छे तर्क दिए थे कि पृथ्वी चपटी होने की बजाय गोलाकार है।

उसका एक तर्क चंद्रमा के ग्रहणों पर आधारित था। अरस्तू ने इस बात को समझ लिया था कि ये ग्रहण पृथ्वी के सूर्य और चंद्रमा के बीच आ जाने की वजह से होते हैं। जब ऐसा होता होगा, तो पृथ्वी की छाया चंद्रमा पर पड़ती होगी, जिसकी वजह से ग्रहण होता होगा। अरस्तू ने ग़ौर किया था कि पृथ्वी की छाया हमेशा गोल होती है। इसकी उम्मीद आप तभी कर सकते थे, जबकि पृथ्वी गोल होती, तब नहीं जबकि वह किसी तश्तरी की तरह चपटी होती। अगर पृथ्वी चपटी तश्तरी की भाँति होती, तो उसकी परछाईं तभी गोल होती, जब ग्रहण उस वक़्त पड़ता, जब सूर्य उस तश्तरी के केंद्र के ठीक नीचे होता। बाक़ी समय उसकी परछाईं 'इलिप्स' आकार में लंबी होती ('इलिप्स' लंबवत वृत्त होता है)।

पृथ्वी के गोल होने को लेकर यूनानियों का एक और तर्क था। अगर पृथ्वी चपटी होती, तो क्षितिज की ओर से आता जहाज़ सबसे पहले आपको एक छोटा-सा आकृतिहीन बिंदु जैसा दिखता। इसके बाद जब वह और क़रीब आता, तब आपको धीरे-धीरे उसके और अधिक हिस्से, जैसे कि उसके पाल (सेल्स) और नीचे का पेंदा (हल), दिखाई देना शुरू होते, लेकिन ऐसा नहीं होता। जब कोई जहाज़ क्षितिज पर प्रकट होता है, तो सबसे पहले आपको उसके पाल दिखाई देते

हैं। बाद में जाकर ही आपको उसका पेंदा दिखाई देता है। पेंदे से ऊपर की ओर उठे हुए मस्तूल जहाज़ का पहला हिस्सा होते हैं, जो क्षितिज पर सबसे पहले प्रकट होते हैं, और यही इस बात का साक्ष्य है कि पृथ्वी गेंदनुमा होती है।

यूनानियों ने रात के आकाश की ओर भी बहुत ध्यान दिया था। अरस्तू के समय तक आते-आते लोग सदियों से इस बात को दर्ज करते आ रहे थे कि रात्रिकालीन आकाश में रोशनियाँ किस तरह गतिशील होती हैं। उन्होंने ग़ौर किया कि हालाँकि, जिन हज़ारों रोशनियों को वे देखते हैं, वे मिलकर आकाश को पार करती हैं, लेकिन उनमें से पाँच रोशनियाँ (जिनमें चंद्रमा शामिल नहीं है) ऐसी हैं, जो उस तरह आकाश में भ्रमण नहीं करतीं। वे कभी-कभी तो पूरब-पश्चिम के नियमित मार्ग पर भटकती हैं और फिर उसी रास्ते वापस लौट जाती हैं। इन प्रकाश-पुंजों को ग्रह (प्लेनेट) नाम दिए गए, जो 'घुमक्कड़' के लिए ग्रीक भाषा का शब्द है। यूनानियों ने सिर्फ़ पाँच ही ग्रहों को देखा था, क्योंकि यही पाँच वे ग्रह हैं, जिन्हें हम नंगी आँखों से देख सकते हैं : बुध (मरक्यूरी), शुक्र (वीनस), मंगल (मार्स), गुरु (जूपिटर) और शनि (सैटर्न)। आज हम जानते हैं कि ये ग्रह आकाश में यह असामान्य मार्ग क्यों अपनाते हैं : हालाँकि नक्षत्र हमारे सौरमंडल की तुलना में बमुश्किल ही गतिशील होते हैं, ग्रह सूर्य की परिक्रमा करते हैं, इसलिए रात्रिकालीन आकाश में उनकी गति सुदूर नक्षत्रों की गति के मुक़ाबले कहीं ज़्यादा जटिल होती है।

अरस्तू का विचार था कि पृथ्वी स्थिर है और सूर्य, चंद्र, ग्रह और नक्षत्र पृथ्वी के चारों ओर चक्कर लगाते हैं। उनका ऐसा विश्वास इसलिए था, क्योंकि किन्हीं अज्ञात वजहों से उन्हें ऐसा महसूस होता था कि पृथ्वी ब्रह्मांड के केंद्र में है और वृत्ताकार गति सबसे सही है। दूसरी ईस्वी में, एक अन्य यूनानी, टॉलमी ने इस धारणा को आकाश के संपूर्ण मॉडल में बदल दिया। टॉलमी अपने अध्ययन को लेकर बहुत जोशीले थे। उन्होंने लिखा था कि ''जब मैं अपने आनंद की ख़ातिर नक्षत्रों के कतारबद्ध समूह को उनके वृत्ताकार क्रम में देखता हूँ, तो मेरे पाँव ज़मीन पर नहीं पड़ते।''

टॉलमी के मॉडल में पृथ्वी को अपनी धुरी पर घूमते आठ गोलकों ने घेर रखा था। हर गोलक अपने से पिछले की तुलना में क्रमश: बड़ा होता गया था, कुछ-कुछ रूसी नेस्टिंग गुड़ियाओं की तरह। पृथ्वी इन गोलकों के केंद्र में थी। आख़िरी गोलक के परे क्या था, यह बात कभी स्पष्ट नहीं की गई थी, लेकिन वह निश्चय ही मानव-जाति द्वारा पर्यवेक्षणीय ब्रह्मांड तो नहीं ही था। इस तरह सबसे बाहर का गोलक ब्रह्मांड को घेरने वाली एक क़िस्म की सरहद या उसे धारण करने वाला पात्र था। उस गोलक पर नक्षत्रों की स्थिति स्थिर थी, इसलिए जब वह अपनी धुरी पर घूमता था, तो नक्षत्र एक-दूसरे की सापेक्षता में अपनी निश्चित जगह पर बने रहते

थे और आकाश में सामूहिक रूप से घूमते थे, जैसा कि हम देखते हैं। आंतरिक गोलक ग्रहों को धारण करते थे। ये नक्षत्रों की भाँति अपने गोलकों से चिपके नहीं थे, बल्कि वे अपने गोलकों पर अधिचक्र (इपिसाइकल) नामक छोटे-छोटे वृत्तों में घूमते थे। जब ग्रहों के गोलक अपनी धुरी पर घूमते थे और ग्रह स्वयं अपने गोलकों पर घूमते थे, तो पृथ्वी की सापेक्षता में उनके द्वारा अपनाया जाने वाला मार्ग पेचीदा होता था। इस तरह, टॉलमी इस तथ्य को स्पष्ट कर सके कि ग्रहों के मार्ग आकाश के साधारण वृत्तों के मुक़ाबले में बहुत ज़्यादा पेचीदा थे।

टॉलमी के मॉडल ने आकाशीय पिंडों की स्थिति का पूर्वानुमान करने की ख़ासी सटीक प्रणाली उपलब्ध कराई थी, लेकिन इन स्थितियों का सही-सही पूर्वानुमान करने के लिए टॉलमी को यह कल्पना करना अनिवार्य था कि चंद्रमा एक ऐसा रास्ता अपनाता है, जिसकी वजह से वह कभी-कभी पृथ्वी के उससे दोगुना क़रीब पहुँच जाता है, जितना वह आम तौर से पहुँचता है। और इसका मतलब था कि चंद्रमा को कभी-कभी अन्य समयों के मुक़ाबले में दोगुना बड़ा दिखाई देना चाहिए! टॉलमी ने इस खोट को पहचान लिया था, तब भी उनके मॉडल को सामान्य तौर पर स्वीकार किया गया था, हालाँकि यह स्वीकार्यता सार्वभौमिक नहीं थी। इसे ईसाई चर्च ने ब्रह्मांड की उस तसवीर के तौर पर अपना लिया था, जो धर्मग्रंथ के अनुरूप बैठती थी, क्योंकि इसमें बहुत बड़ी सुविधा थी कि यह मॉडल स्थिर नक्षत्रों के क्षेत्र से बाहर स्वर्ग और नर्क के लिए भरपूर जगह छोड़ता था।

लेकिन 1514 में पोलैंड के पादरी निकोलस कोपरनिकस ने एक और मॉडल पेश किया। (शुरू में, शायद अपने चर्च द्वारा धर्मद्रोही क़रार दिए जाने के भय से कोपरनिकस ने इस मॉडल को गुमनाम तरीक़े से प्रसारित किया था।) कोपरनिकस का यह क्रांतिकारी विचार था कि सारे खगोलीय पिंडों का पृथ्वी की परिक्रमा करना अनिवार्य नहीं है। दरअसल, उनकी धारणा यह थी कि सूर्य सौरमंडल के केंद्र में स्थिर है और पृथ्वी तथा ग्रह सूर्य की परिक्रमा करते हैं। टॉलमी के मॉडल की ही तरह कोपरनिकस का यह मॉडल भी काफ़ी कारगर रहा, लेकिन यह पर्यवेक्षण से पूरी तरह मेल नहीं खाता था। चूँकि यह टॉलमी के मॉडल के मुक़ाबले अधिक आसान था, इसे लोगों द्वारा अपनाए जाने की उम्मीद की गई होगी, लेकिन लगभग एक सदी बीत जाने के बाद ही इस धारणा को गंभीरता से लिया जा सका। इसके बाद दो खगोल वैज्ञानिक - जर्मनी के जोहान्स केपलर और इटली के गैलीलियो गैलिली - ने कोपरनिकस के सिद्धांत का सार्वजनिक रूप से समर्थन आरंभ कर दिया।

1609 में गैलीलियो ने तब कुछ समय पहले आविष्कृत दूरबीन की मदद से रात्रिकालीन आकाश का अध्ययन आरंभ किया। जब गैलीलियो ने गुरु ग्रह को

देखा, तो उसने पाया कि उसके साथ कई छोटे आकार के उपग्रह या चंद्रमा थे, जो उसकी परिक्रमा कर रहे थे। इसका मतलब था कि हर चीज़ का सीधे-सीधे पृथ्वी की परिक्रमा करना ज़रूरी नहीं था, जैसा कि अरस्तू और टॉलमी का सोचना था। इसी के साथ-साथ केपलर ने कोपरनिकस के सिद्धांत को यह कहकर विकसित किया कि ग्रह गोलाकार नहीं, बल्कि अंडाकार परिक्रमा करते हैं। जैसे ही यह बदलाव आया, सिद्धांत पर्यवेक्षणों के साथ मेल खाने लगा। ये घटनाएँ टॉलमी के मॉडल के लिए प्राणघातक साबित हुईं।

हालाँकि, अंडाकार कक्षाओं ने कोपरनिकस के मॉडल को विकसित किया था, लेकिन जहाँ तक केपलर का सवाल था, उनके लिए ये महज़ कामचलाऊ परिकल्पनाएँ ही थीं। ऐसा इसलिए है, क्योंकि केपलर के मन में प्रकृति को लेकर पहले से कुछ धारणाएँ थीं, जो पर्यवेक्षणों पर आधारित नहीं थीं : अरस्तू की ही तरह उनका यह महज़ विश्वास था कि वृत्तों के मुक़ाबले अंडाकार कम सटीक थे। यह विचार कि ग्रह इस तरह के दोषपूर्ण मार्ग पर चलते होंगे, उन्हें इतना कुरूप प्रतीत होता था कि वह अंतिम सत्य हो ही नहीं सकता था। एक और जो चीज़ केपलर को परेशान करती थी, वह यह थी कि वह अंडाकार कक्षाओं की संगति अपने इस विचार से नहीं बैठा पा रहे थे कि ग्रह चुंबकीय बलों की वजह से सूर्य की परिक्रमा करते थे, हालाँकि वह ग्रहों की परिक्रमा के पीछे चुंबकीय बल को मानने के मामले में ग़लती पर थे, तब भी हमें उन्हें इस बात का श्रेय देना चाहिए कि उन्हें यह अहसास था कि गति के पीछे किसी बल का होना अनिवार्य था। ग्रह सूर्य की परिक्रमा क्यों करते हैं, इसकी वास्तविक व्याख्या बहुत बाद में, 1687 में, उपलब्ध कराई गई, जब सर आइजैक़ न्यूटन ने अपनी किताब *फ़िलॉसोफ़िया नेचुरालिस प्रिंसिपिया मैथामैटिका* प्रकाशित कराई, जो संभवत: भौतिक विज्ञानों के इतिहास की तब तक प्रकाशित किताबों में एकमात्र सबसे महत्त्वपूर्ण किताब थी।

प्रिंसिपिया में न्यूटन ने एक नियम प्रस्तुत करते हुए कहा कि सारी स्थिर वस्तुएँ तब तक स्वाभाविक ढंग से स्थिर बनी रहती हैं, जब तक कि कोई बल उन पर क्रियाशील नहीं होता। उन्होंने बताया कि किस तरह किसी बल का प्रभाव किसी वस्तु को गतिशील कर देता है या उस वस्तु की गति में बदलाव पैदा कर देता है। ऐसे में ग्रह अंडाकार में सूर्य की परिक्रमा क्यों करते हैं? न्यूटन ने कहा कि इसके पीछे एक ख़ास क़िस्म का बल काम करता है। उन्होंने कहा कि यह वही बल है, जिसकी वजह से जब आप चीज़ों को छोड़ देते हैं, तो वे स्थिर बनी रहने की बजाय पृथ्वी पर गिर जाती हैं। उन्होंने इस बल को *ग्रेविटी* यानी गुरुत्वाकर्षण नाम दिया (न्यूटन के पहले *ग्रेविटी* का मतलब या तो गंभीर मन:स्थिति था या भारीपन था)। उन्होंने गणित का भी आविष्कार किया, जिसने संख्यानुसार यह दर्शाया कि जब

वस्तुओं को गुरुत्वाकर्षण जैसे बल खींचते हैं, तो वस्तुएँ किस तरह की प्रतिक्रिया करती हैं, और उन्होंने परिणामस्वरूप सामने आए समीकरणों को हल किया। इस तरह वह यह दर्शाने में सक्षम हुए कि सूर्य के गुरुत्वाकर्षण की वजह से पृथ्वी और अन्य ग्रहों का अंडाकार परिक्रमा करना स्वाभाविक है - जैसा कि केपलर का पूर्वानुमान था! न्यूटन का दावा था कि उनका नियम, वृक्ष से गिरते सेब से लेकर नक्षत्रों और ग्रहों तक, ब्रह्मांड की हर वस्तु पर लागू होता है। ऐसा इतिहास में पहली बार था, जब किसी ने उन नियमों की पदावली में ग्रहों की गति को स्पष्ट किया था, जो पृथ्वी पर भी गति का निर्धारण करते थे। यह आधुनिक भौतिकी और आधुनिक खगोलविज्ञान, दोनों की शुरुआत थी।

टॉलमी की गोलकों की अवधारणा के बग़ैर यह मानने की कोई वजह नहीं रह गई थी कि ब्रह्मांड की कोई नैसर्गिक सरहद, सबसे बाहरी गोलक है। इसके अतिरिक्त, नक्षत्र अपनी स्थिति बदलते दिखाई नहीं देते थे। वे सिर्फ़ पृथ्वी के अपनी धुरी पर घूमने की वजह से आकाश में भ्रमण करते दिखते थे, इसलिए यह कल्पना करना स्वाभाविक हो गया था कि नक्षत्र हमारे सूर्य जैसे पिंड ही हैं, लेकिन वे हमसे बहुत अधिक दूरी पर हैं। हमने न सिर्फ़ यह धारणा त्याग दी थी कि पृथ्वी ब्रह्मांड के केंद्र में है, बल्कि इस विचार को भी त्याग दिया था कि हमारा सूर्य, और शायद हमारा सौरमंडल भी ब्रह्मांड के कोई अनोखे लक्षण हैं। विश्वदृष्टि में यह बदलाव मनुष्य के चिंतन में अत्यंत गंभीर परिवर्तन का सूचक था : वह ब्रह्मांड के बारे में हमारी आधुनिक वैज्ञानिक समझ की शुरुआत थी।

3

वैज्ञानिक सिद्धांत की प्रकृति

ब्रह्मांड की प्रकृति के बारे में बात करने के लिए, और इस तरह के सवालों पर चर्चा करने के लिए कि क्या इसकी कोई शुरुआत या कोई अंत है, आपके सामने यह स्पष्ट होना ज़रूरी है कि वैज्ञानिक सिद्धांत क्या है। हम यह सरल-सा दृष्टिकोण अपनाएँगे कि सिद्धांत महज़ ब्रह्मांड या उसके एक सीमित हिस्से का एक मॉडल, और उन नियमों का संग्रह है, जो उस मॉडल की मात्राओं को हमारे पर्यवेक्षणों से जोड़ते हैं। उसका अस्तित्व सिर्फ़ हमारे दिमाग़ में होता है और इसके अलावा उसकी और कोई वास्तविकता (इसका, जो भी कुछ मतलब हो) नहीं होती। कोई भी सिद्धांत उस वक़्त एक अच्छा सिद्धांत होता है, जब वह दो ज़रूरतों को पूरा करता है। उसे मात्र कुछ स्वैच्छिक तत्त्वों को समाहित करते मॉडल के आधार पर बड़ी संख्या में किए गए पर्यवेक्षणों का एकदम सटीक तरीक़े से निरूपण करने में सक्षम होना चाहिए, और उसे भविष्य के पर्यवेक्षणों के नतीजे के बारे में निश्चित पूर्वानुमान प्रस्तुत करना चाहिए। उदाहरण के लिए, अरस्तू का एम्पेडोक्लीज़ के इस सिद्धांत में विश्वास था कि हर चीज़ चार तत्त्वों से मिलकर बनी है : मिट्टी, वायु, अग्नि और जल। यह सिद्धांत पर्याप्त सरल तो था, लेकिन इसके आधार पर कोई निश्चित पूर्वानुमान संभव नहीं थे। दूसरी ओर, न्यूटन का गुरुत्वाकर्षण का सिद्धांत उससे भी सरल मॉडल पर आधारित था, जिसमें पिंड एक-दूसरे को एक ऐसे बल के साथ आकर्षित करते थे, जो उस मात्रा के अनुपात में होता था, जिसे उन पिंडों का द्रव्यमान कहा जाता था और जो उनके बीच की दूरी के वर्गफल के विषम अनुपात में होता था। तब भी वह सूर्य, चंद्र, और ग्रहों की गतियों का उच्चस्तरीय सटीकता के साथ पूर्वानुमान करता है।

कोई भी भौतिक सिद्धांत इस अर्थ में अस्थायी होता है कि वह महज़ एक परिकल्पना होता है : आप उसे कभी सिद्ध नहीं कर सकते। किसी सिद्धांत के साथ

किन्हीं प्रयोगों के नतीजे कितनी ही बार मेल क्यों न खाते हों, लेकिन आप कभी पक्के तौर पर यह कहने की स्थिति में नहीं होते कि अगली बार का कोई नतीजा उस सिद्धांत का खंडन नहीं कर देगा। दूसरी ओर, आप ऐसे किसी एक भी पर्यवेक्षण के आधार पर किसी सिद्धांत को असत्य साबित कर सकते हैं, जो उस सिद्धांत के पूर्वानुमान से मेल न खाता हो। विज्ञान के दार्शनिक के रूप में कार्ल पॉपर ने इस बात पर बल दिया था कि एक अच्छे सिद्धांत की यह ख़ासियत होती है कि वह ऐसे अनेक पूर्वानुमान करता है, जिन्हें पर्यवेक्षण के माध्यम से सैद्धांतिक तौर पर ग़लत साबित किया जा सकता है। हर बार पूर्वानुमानों के साथ मेल बैठाने के लिए नए प्रयोग किए जाते हैं। सिद्धांत क़ायम रहता है, तो उसको लेकर हमारा विश्वास बढ़ता जाता है, लेकिन अगर कभी एक भी नए पर्यवेक्षण का उसके साथ मेल नहीं बैठता, तो हमें उस सिद्धांत को त्याग देना पड़ता है या उसमें सुधार लाना होता है।

कम-से-कम इतने की अपेक्षा तो की ही जाती है, लेकिन आप कभी भी उस व्यक्ति की योग्यता पर सवाल उठा सकते हैं, जिसने पर्यवेक्षण किया होता है।

व्यवहार में तो अक्सर ऐसा होता है कि जो नया सिद्धांत ईजाद किया गया होता है, वह वास्तव में किसी पुराने सिद्धांत का ही विस्तार होता है। उदाहरण के लिए, बुध ग्रह के अत्यंत सटीक पर्यवेक्षणों से उसकी गति और न्यूटन के गुरुत्वाकर्षण के सिद्धांत के बीच एक बहुत छोटा-सा फ़र्क़ उजागर हुआ। आइंस्टाइन के सापेक्षता के सामान्य सिद्धांत ने न्यूटन के सिद्धांत की तुलना में किंचित भिन्न गति का पूर्वानुमान किया। यह तथ्य नए सिद्धांत की निर्णायक पुष्टि करता था कि आइंस्टाइन के पूर्वानुमानों का उस चीज़ से मेल बैठता था,जो देखा गया था, जबकि न्यूटन के सिद्धांत का मेल नहीं बैठता था, लेकिन हम आज भी ज़्यादातर व्यावहारिक उद्देश्यों से न्यूटन के सिद्धांत का इस्तेमाल करते हैं, क्योंकि उसके और सापेक्षता के सामान्य सिद्धांत के पूर्वानुमानों के बीच के फ़र्क़ उन स्थितियों में बहुत छोटे साबित होते हैं, जिनसे हम सामान्य तौर पर निपट रहे होते हैं। (न्यूटन के सिद्धांत का एक बड़ा लाभ यह भी है कि यह क्रियान्वयन के लिहाज़ से आइंस्टाइन के सिद्धांत की तुलना में ज़्यादा सरल है!)

विज्ञान का लक्ष्य अंतत: ऐसा एक सिद्धांत उपलब्ध कराना है, जो संपूर्ण ब्रह्मांड का विवरण दे सके, लेकिन ज़्यादातर वैज्ञानिकों द्वारा अपनाया जाने वाला दृष्टिकोण किसी समस्या को दो हिस्सों में अलग करने का होता है। पहला, ऐसे नियम हैं, जो हमें बताते हैं कि ब्रह्मांड समय के साथ किस तरह बदलता रहता है। (अगर हम जानते हैं कि एक समय में ब्रह्मांड का रूप क्या है, तो ये भौतिक नियम हमें यह बताते हैं कि बाद के समय में यह कैसा दिखेगा।) दूसरा, ब्रह्मांड की आरंभिक अवस्था का प्रश्न है। कुछ लोगों को लगता है कि विज्ञान को पहले

हिस्से से ही संबंध रखना चाहिए, क्योंकि आरंभिक स्थिति को वे अध्यात्म या धर्म का मसला मानते हैं। वे कहेंगे कि चूँकि ईश्वर सर्वशक्तिमान है, इसलिए हो सकता है कि उसने ब्रह्मांड की शुरुआत उस तरह की हो, जैसा वह चाहता रहा हो। हो सकता है, ऐसा ही हो, लेकिन उस स्थिति में यह भी हो सकता था कि ईश्वर इसे पूरी तरह मनमाने ढंग से विकसित होते रहने देता, लेकिन देखने में ऐसा आता है कि उसने इसके नियमित ढंग से, कुछ निश्चित नियमों के मुताबिक़, विकसित होने का चयन किया। इसलिए इस तरह की कल्पना करना उतना ही तर्कसंगत लगता है कि आरंभिक अवस्था को नियंत्रित करने वाले नियम भी हैं।

ब्रह्मांड को एक ही बार में वर्णित कर सकने वाले सिद्धांत को ईजाद करना बहुत मुश्किल है। इसकी बजाय हम समस्या को उसके हिस्सों में बाँटते हैं और फिर कई आंशिक सिद्धांत ईजाद करते हैं। इनमें से प्रत्येक आंशिक सिद्धांत कुछ ख़ास सीमित पर्यवेक्षणों का निरूपण करता है और उनका पूर्वानुमान करता है, और दूसरे हिस्सों के प्रभावों को नज़रअंदाज़ करता है, या उन्हें साधारण संख्याओं के समुच्चय में प्रस्तुत कर देता है। हो सकता है कि यह तरीक़ा पूरी तरह से ग़लत हो। अगर ब्रह्मांड की हर चीज़, मूलभूत ढंग से, हर दूसरी चीज़ पर निर्भर करती है, तो समस्या को हिस्सों में बाँटकर उनकी पड़ताल करते हुए समग्र समाधान के क़रीब पहुँचना असंभव हो सकता है। तब भी, यह निश्चय ही वही तरीक़ा है, जिसे अपनाते हुए हम अतीत में आगे बढ़ते आए हैं। इसका आदर्श उदाहरण, एक बार फिर, न्यूटन का गुरुत्वाकर्षण का सिद्धांत है, जो हमें बताता है कि दो पिंडों के बीच का गुरुत्वाकर्षी बल सिर्फ़ प्रत्येक पिंड के साथ जुड़ी एक संख्या, यानी उसके द्रव्यमान, पर निर्भर करता है, और अन्यथा वह उस चीज़ से स्वतंत्र होता है, जिससे ये पिंड बने होते हैं। इस तरह हमें सूर्य और ग्रहों की कक्षाओं का हिसाब लगाने के लिए उनकी संरचना और संघटन के सिद्धांत की कोई ज़रूरत नहीं रह जाती।

आज वैज्ञानिक ब्रह्मांड का वर्णन दो बुनियादी आंशिक सिद्धांतों की पदावली में करते हैं – सापेक्षता का सामान्य सिद्धांत और क्वांटम मैकेनिक्स। ये दोनों बीसवीं सदी के आरंभिक आधे हिस्से की महान बौद्धिक उपलब्धियाँ हैं। सापेक्षता का सामान्य सिद्धांत गुरुत्वाकर्षण बल और ब्रह्मांड की बड़े पैमाने की संरचना का वर्णन करता है; यानी कुछ मील से लेकर लाखों लाखों लाखों लाखों (1 के आगे चौबीस शून्य) मील दूरी तक के पैमाने पर पर्यवेक्षणीय ब्रह्मांड। दूसरी ओर, क़्वांटम मैकेनिक्स इस संघटना के अत्यंत छोटे पैमाने का, जैसे कि एक इंच के दस लाखवें हिस्से के दस लाखवें हिस्से का इस्तेमाल करती है, लेकिन दुर्भाग्य से, ये दोनों सिद्धांत एक-दूसरे से असंगत माने जाते हैं – ऐसे में वे दोनों सही नहीं हो सकते। भौतिकी के क्षेत्र का आज एक बहुत बड़ा उद्यम, जो इस किताब की प्रमुख

विषय-वस्तु भी है, एक ऐसा नया सिद्धांत खोजने का है, जो इन दोनों सिद्धांतों को समाविष्ट कर सके - गुरुत्वाकर्षण का क़्वांटम सिद्धांत। हमारे पास अभी तक ऐसा कोई सिद्धांत नहीं है, और बहुत संभव है कि इसे हासिल करने में हमें बहुत ज़्यादा वक़्त लग जाए, लेकिन हमें अभी भी ऐसे बहुत-से गुणों की जानकारी है, जो उस सिद्धांत से अपेक्षित हैं। और अगले अध्यायों में हम देखेंगे कि हमें अब ऐसे अनेक पूर्वानुमानों की जानकारी है, जिनकी अपेक्षा गुरुत्वाकर्षण के क़्वांटम सिद्धांत से की जानी चाहिए।

अब अगर आप इस बात पर विश्वास करते हैं कि ब्रह्मांड अनियंत्रित नहीं, बल्कि निश्चित नियमों से परिचालित है, तो आपको अंततः आंशिक सिद्धांतों को मिलाकर एक ऐसा पूरी तरह एकीकृत सिद्धांत तैयार करना होगा, जो ब्रह्मांड की हर चीज़ को वर्णित कर सके, लेकिन ऐसे किसी पूरी तरह एकीकृत सिद्धांत की खोज में एक बुनियादी विरोधाभास है। यहाँ वैज्ञानिक सिद्धांतों के बारे में जिन विचारों की रूपरेखा प्रस्तुत की गई है, उनमें यह मान्यता निहित है कि हम विवेकशील लोग हैं, जो ब्रह्मांड का अपनी इच्छानुसार अवलोकन करने और जो कुछ भी हम देखते हैं, उसके आधार पर तर्कसंगत परिणाम निकालने के लिए स्वतंत्र हैं। ऐसी योजना में यह कल्पना करना युक्तिसंगत है कि हम उत्तरोत्तर उन नियमों के और भी निकट पहुँच सकते हैं, जो हमारे ब्रह्मांड का नियमन करते हैं, लेकिन अगर वाक़ई एक पूरी तरह एकीकृत सिद्धांत होता, तो वह संभवतः हमारे क्रियाकलापों को भी निर्धारित करता - इसलिए स्वयं वह सिद्धांत उसकी खोज के हमारे नतीजों को निर्धारित करता! और यह क्यों ज़रूरी है कि वह यह निर्धारित करे कि हम साक्ष्य से सही निष्कर्षों तक पहुँचे हैं? क्या वह यह भी उतने ही बेहतर ढंग से निर्धारित नहीं कर सकता कि हमने ग़लत निष्कर्ष निकाले हैं? या कोई निष्कर्ष निकाले ही नहीं हैं?

इस समस्या का हम जो एकमात्र जवाब दे सकते हैं, वह डार्विन के प्राकृतिक वरण के सिद्धांत पर आधारित है। धारणा यह है कि अपना पुनः प्रजनन करने में सक्षम जीव की किसी भी आबादी में विभिन्न व्यक्तियों की जैनेटिक सामग्री और पालन-पोषण में विविधता होगी। इन भेदों का मतलब होगा कि अपने आस-पास की दुनिया के बारे में सही निष्कर्ष निकालने तथा उनके मुताबिक़ आचरण करने में कुछ व्यक्ति दूसरे व्यक्तियों के मुक़ाबले ज़्यादा सक्षम होंगे। इन व्यक्तियों के जीवित बने रहने और पुनः प्रजनन करने की संभावना ज़्यादा होगी, इसलिए व्यवहार और विचार के उनके ढंग वर्चस्वशाली होंगे। यह बात अतीत में निश्चय ही सही रही है। जिन्हें हम बुद्धिमत्ता और वैज्ञानिक खोज कहते हैं, उन्होंने जीवित रहने के सुअवसर को रेखांकित या व्यक्त किया है। यह बात अभी तक बहुत स्पष्ट नहीं है कि बात अभी भी वही है: हमारी वैज्ञानिक खोजें शायद हमें नष्ट कर दें, और अगर वे न भी

करें, तब भी एक पूरी तरह एकीकृत सिद्धांत से जीवित बने रहने के हमारे अवसरों पर शायद बहुत ज़्यादा फ़र्क़ नहीं पड़ेगा, लेकिन, अगर ब्रह्मांड का विकास नियमित ढंग से हुआ है, तो हम उम्मीद कर सकते हैं कि प्राकृतिक वरण ने हमें तर्क करने की जो क्षमताएँ प्रदान की हैं, वे पूरी तरह एकीकृत सिद्धांत की हमारी खोज में भी जायज़ बनी रहेंगी और इसलिए वे हमें ग़लत निष्कर्षों की ओर नहीं ले जाएँगी।

क्योंकि हमारे पास पहले से जो आंशिक सिद्धांत हैं, वे अत्यंत चरम परिस्थितियों को छोड़कर हर परिस्थिति में सटीक पूर्वानुमानों के लिए पर्याप्त हैं, इसलिए ब्रह्मांड के अंतिम सिद्धांत की हमारी खोज को व्यावहारिक धरातल पर उचित ठहराना मुश्किल लगता है। (हालाँकि यह बात ग़ौर करने की है कि ऐसे ही तर्क सापेक्षता और क़्वांटम मैकेनिक्स के सिद्धांतों के ख़िलाफ़ भी इस्तेमाल किए जा सकते थे, और इन सिद्धांतों ने हमें परमाणु ऊर्जा और माइक्रोइलेक्ट्रॉनिक्स क्रांति, दोनों ही चीज़ें प्रदान की हैं।) इसलिए हो सकता है कि एक पूर्णतया एकीकृत सिद्धांत की खोज हमारी प्रजाति के जीवित बने रहने में कोई योगदान न करे। हो सकता है कि वह हमारी जीवन-शैली तक पर कोई असर न डाले, लेकिन सभ्यता के उदय के समय से ही लोग घटनाओं को असंबद्ध और अव्याख्येय रूप में देखने से संतुष्ट नहीं रहे हैं। हम सृष्टि में निहित एक अंतर्निहित व्यवस्था को समझने के लिए लालायित रहे हैं। आज भी हम यह जानने की आकांक्षा करते हैं कि हम यहाँ क्यों हैं और हम कहाँ से आए हैं। मनुष्यता की ज्ञान की गहनतम आकांक्षा अपने आप में हमारी निरंतर जिज्ञासा का पर्याप्त औचित्य साबित करती है। और हमारा लक्ष्य उस ब्रह्मांड के संपूर्ण विवरण को पाने से तनिक भी कम नहीं है, जिसमें हम रहते हैं।

4

न्यूटन का ब्रह्मांड

गति के बारे में हमारी वर्तमान धारणाएँ गैलीलियो और न्यूटन के ज़माने से चली आ रही हैं। उनके पहले लोग अरस्तू में विश्वास करते थे, जिसका कहना था कि कोई भी वस्तु स्वाभाविक अवस्था में स्थिर होती है और वह तभी गतिशील होती है, जब कोई बल या संवेग उसे उत्प्रेरित करता है। इसका मतलब था कि किसी भारी वस्तु को उससे कम वज़नी वस्तु के मुक़ाबले ज़्यादा तेज़ी-से गिरना चाहिए, क्योंकि उसमें पृथ्वी के प्रति ज़्यादा खिंचाव होगा। अरस्तू की परंपरा का यह भी मानना था कि ब्रह्मांड को परिचालित करने वाले सारे नियम विशुद्ध विचारों के स्तर पर खोजे जा सकते हैं : पर्यवेक्षणों के सहारे उन्हें जाँचना ज़रूरी नहीं है। इसलिए गैलीलियो के आने तक किसी ने भी यह जानने की ज़हमत नहीं उठाई थी कि क्या अलग-अलग वज़न की वस्तुएँ वाक़ई अलग-अलग रफ़्तार से गिरती हैं। कहा जाता है कि गैलीलियो ने इटली के लीनिंग टॉवर ऑफ़ पीसा से विभिन्न वज़नी वस्तुओं को गिराकर दर्शाया था कि किस तरह अरस्तू का विश्वास ग़लत था। यह क़िस्सा लगभग निश्चित तौर पर झूठा है, लेकिन गैलीलियो ने इससे मिलती-जुलती चीज़ ज़रूर की थी : उन्होंने अलग-अलग वज़न की गेंदों को एक चिकनी ढलान से लुढ़काया था। यह वज़नी वस्तुओं के सीधे गिरने जैसी ही स्थिति है, लेकिन इसका पर्यवेक्षण आसान है, क्योंकि गतियाँ समान हैं। गैलीलियो की पैमाइशों ने यह संकेत दिया कि हर वस्तु, उसका वज़न चाहे जो भी हो, अपनी गति समान दर से बढ़ाती है। उदाहरण के लिए, अगर आप किसी ऐसे ढलान पर गेंद लुढ़काते हैं, जो आपके प्रति दस मीटर चलने के अनुपात में एक मीटर नीचे होता चला जाता है, तो गेंद का वज़न चाहे कितना ही क्यों न हो, वह एक सेकंड बाद एक मीटर प्रति सेकंड की रफ़्तार से, दो सेकंड बाद दो मीटर प्रति सेकंड की रफ़्तार से, और आगे भी इसी क्रम में नीचे जाएगी। बेशक, एक सीसे का बाट किसी पंख के मुक़ाबले

में ज़्यादा तेज़ी-से गिरेगा, लेकिन ऐसा सिर्फ़ इसलिए होगा, क्योंकि पंख का गिरना हवा के प्रतिरोध की वजह से धीमा हो जाएगा। अगर आप ऐसी किन्हीं दो वस्तुओं को गिराएँ, जिन्हें हवा के ज़्यादा प्रतिरोध का सामना न करना पड़ता हो, जैसे कि दो अलग-अलग वज़न के सीसे के बाट, तो वे समान रफ़्तार से गिरेंगे। (ऐसा क्यों होगा, यह हम अभी जल्दी ही देखेंगे।) चंद्रमा पर, जहाँ चीज़ों को धीमा करने के लिए हवा नहीं है, अंतरिक्ष-यात्री आर. स्कॉट ने पंख और सीसे के बाट का यह प्रयोग किया था और पाया था कि दोनों ही चीज़ें एक साथ ही चंद्रमा की ज़मीन पर गिरी थीं।

गैलीलियो की पैमाइश को न्यूटन ने अपने गति के नियम के आधार के रूप में इस्तेमाल किया था। गैलीलियो के प्रयोगों में, जब वस्तु ढलान पर लुढ़कती थी, तो वह हमेशा समान बल (अपने वज़न) से क्रियाशील होती थी, और उसका प्रभाव उसकी गति निरंतर बढ़ाने का होता था। इससे पता चला कि किसी भी बल का वास्तविक प्रभाव हमेशा वस्तु की रफ़्तार में बदलाव लाता है, सिर्फ़ उसे गतिशील बनाए नहीं रखता, जैसा कि पहले समझा जाता था। इसका यह भी मतलब था कि जब भी कभी किसी वस्तु पर किसी बल का प्रयोग नहीं किया गया होता है, तो वह एक-सी रफ़्तार से एक सीधी लाइन में आगे बढ़ती रहेगी। यह बात पहली बार स्पष्ट रूप से 1687 में न्यूटन की *प्रिंसिपिया मैथामैटिका* में कही गई थी, और इसे न्यूटन के पहले नियम के नाम से जाना जाता है। किसी वस्तु पर जब बल का प्रयोग किया जाता है, तब उसके साथ क्या होता है, इसे न्यूटन के दूसरे नियम के नाम से जाना जाता है। यह नियम कहता है कि वस्तु की रफ़्तार जिस दर से बढ़ेगी या जिस दर से उसमें परिवर्तन आएगा, वह दर उस बल के अनुपात में होगी। (उदाहरण के लिए, अगर बल दो गुना होगा, तो उसकी रफ़्तार में भी दोगुनी वृद्धि होगी।) वस्तु का द्रव्यमान (या पदार्थ की मात्रा) जितना ही अधिक होगा, वस्तु की रफ़्तार भी उतनी ही कम होगी। (दोगुने द्रव्यमान वाली वस्तु पर उतने ही बल के अनुप्रयोग के नतीजे में उससे वस्तु की रफ़्तार आधी होगी।) इसका परिचित उदाहरण कार में देखने को मिलता है : इंजन जितना ही ज़्यादा शक्तिशाली होता है, उतनी ही कार की रफ़्तार तेज़ होती है, लेकिन कार जितनी ही ज़्यादा भारी होती है, उसी इंजन से उसकी रफ़्तार उतनी ही कम होती है।

गति के नियम के अतिरिक्त, जो यह बताता है कि वस्तुएँ बल पर कैसे प्रतिक्रिया करती हैं, न्यूटन का गुरुत्वाकर्षण का सिद्धांत यह बताता है कि बल के एक ख़ास प्रकार, यानी गुरुत्वाकर्षण की क्षमता को कैसे निर्धारित किया जाए। हम कह चुके हैं कि यह सिद्धांत कहता है कि हर पिंड दूसरे पिंड को उस बल के साथ आकर्षित करता है, जो प्रत्येक पिंड के द्रव्यमान के अनुपात में होता है। इस तरह,

अगर दो पिंडों में से किसी एक पिंड (मान लीजिए पिंड 'ए') के द्रव्यमान को दोगुना कर दिया जाए, तो दोनों पिंडों के बीच का बल दोगुना शक्तिशाली हो जाएगा। आप यही अपेक्षा कर सकते हैं, क्योंकि आप एक नए पिंड 'ए' को दो पिंडों से बना मान सकते हैं, जिनमें से प्रत्येक का द्रव्यमान पूर्ववत होगा। इनमें से प्रत्येक पिंड 'बी' को अपने मूल बल के साथ आकर्षित करेगा। इस तरह 'ए' और 'बी' के बीच का कुल बल मूल बल से दोगुना होगा। और अगर, मान लीजिए, दोनों में से एक पिंड का द्रव्यमान छह गुना है या अगर एक का द्रव्यमान दोगुना और दूसरे का द्रव्यमान तीन गुना है, तो उनके बीच का बल छह गुना शक्तिशाली होगा।

अब आप समझ सकते हैं कि सारे पिंड एक ही रफ़्तार से क्यों गिरते हैं। न्यूटन के गुरुत्वाकर्षण के नियम के अनुसार, दोहरे वज़न वाले पिंड में उसे नीचे खींच रहे गुरुत्वाकर्षण का बल दोगुना होगा, लेकिन उसका द्रव्यमान भी दोगुना होगा और इस तरह, न्यूटन के दूसरे नियम के मुताबिक़, रफ़्तार की दर प्रति इकाई बल की आधी होगी। न्यूटन के नियमों के अनुसार ये दो प्रभाव एक-दूसरे को पूरी तरह रद्द कर देंगे, इसलिए वज़न चाहे जो भी हो, रफ़्तार की दर एक-जैसी बनी रहेगी।

न्यूटन का गुरुत्वाकर्षण का नियम हमें यह भी बताता है कि पिंड एक-दूसरे से जितने दूर होंगे, बल उतना ही कम होगा। नियम कहता है कि किसी नक्षत्र का गुरुत्वाकर्षी आकर्षण आधी दूरी पर स्थित किसी अन्य नक्षत्र की तुलना में ठीक एक-चौथाई होता है। यह नियम पृथ्वी, चंद्रमा और ग्रहों की कक्षाओं का अत्यंत सटीकता के साथ पूर्वानुमान करता है। अगर नियम यह होता कि किसी नक्षत्र का गुरुत्वाकर्षी आकर्षण दूरी के अनुसार तीव्र या मद्धिम हो जाता है, तो ग्रहों की कक्षाएँ अंडाकार न होतीं; वे या तो सूर्य की दिशा में कुंडलाकार होतीं या सूर्य से बच निकलतीं।

अरस्तू और गैलीलियो तथा न्यूटन की धारणाओं में बड़ा फ़र्क़ इस बात में है कि अरस्तू स्थिरता की विशिष्ट अवस्था में विश्वास करते थे, यानी अगर किसी पिंड को किसी बल या संवेग से उत्प्रेरित नहीं किया जाता, तो वह स्थिरता की अवस्था में बना रहता, ख़ास तौर से उनका विचार था कि पृथ्वी स्थिर है, लेकिन न्यूटन के नियम से यह निष्कर्ष निकलता है कि स्थिरता का कोई अनूठा मानक नहीं है। आप उतने ही विश्वास के साथ यह कह सकते थे कि पिंड 'ए' स्थिर था और पिंड 'बी' पिंड 'ए' की ओर निरंतर बढ़ रहा था, या पिंड 'बी' स्थिर था और पिंड 'ए' गतिशील था। उदाहरण के लिए, अगर आप पल भर के लिए पृथ्वी के अपनी धुरी पर घूमने और उसकी सूर्य की परिक्रमा को भूल जाते, तो आप कह सकते थे कि पृथ्वी स्थिर थी और ट्रेन नब्बे मील प्रति घंटे की रफ़्तार से उत्तर की ओर

बढ़ रही थी या ट्रेन स्थिर थी और पृथ्वी नब्बे मील प्रति घंटे की रफ़्तार से दक्षिण की ओर बढ़ रही थी। अगर आप चलती हुई ट्रेन में प्रयोग करते, तब भी न्यूटन के नियम अपनी जगह क़ायम रहते। न्यूटन सही हैं या अरस्तू, और आप कैसे कह सकते हैं?

एक परीक्षण यह होगा : कल्पना कीजिए कि आप एक डिब्बे में बंद हैं, और आप नहीं जानते कि वह डिब्बा किसी चलती हुई ट्रेन में स्थिर रखा है या ठोस धरती पर रखा है (दूसरी परिस्थिति अरस्तू के अनुसार मानक स्थिरता की है)। क्या आपके पास इस बात को निर्धारित करने का कोई तरीक़ा है कि वस्तुस्थिति क्या है? अगर है, तो शायद अरस्तू का कहना सही था – पृथ्वी पर स्थिर होना ख़ास है, लेकिन अगर आप ट्रेन में अपने डिब्बे के भीतर प्रयोग करते, तो वे वैसे ही प्रयोग साबित होते, जैसे वे ट्रेन के 'अचल' प्लेटफ़ॉर्म पर आपके डिब्बे के भीतर होते (उनमें ट्रेन में सफ़र के कोई उछाल, मोड़ या दूसरे किसी भी तरह के विकार नहीं आते)। ट्रेन में टेबल टेनिस खेलते हुए आप पाएँगे कि गेंद उसी तरह व्यवहार कर रही है, जैसे वह तब करती, जब आप पटरियों के बग़ल में टेबल टेनिस खेल रहे होते। और अगर आप अपने डिब्बे के अंदर हैं और पृथ्वी की गति की सापेक्षता में भिन्न गतियों से वही खेल खेलें, जैसे कि शून्य, पचास और नब्बे मिनट प्रति घंटे की रफ़्तार से, तब भी गेंद इन तमाम स्थितियों में एक-सा आचरण करेगी। दुनिया इसी तरह व्यवहार करती है, और यही वह चीज़ है, जिसे न्यूटन के नियमों का गणित प्रतिबिंबित करता है : यह जानने का कोई तरीक़ा नहीं है कि ट्रेन और पृथ्वी में से गतिशील क्या है। गति की अवधारणा तभी समझ में आती है, जब वह दूसरी वस्तुओं के सापेक्ष होती है।

क्या यह बात वाक़ई मायने रखती है कि अरस्तू सही थे या न्यूटन? क्या यह महज़ दृष्टिकोण या फ़लसफ़े का फ़र्क़ है, या यह कोई ऐसा मुद्दा है, जो विज्ञान के लिए महत्त्वपूर्ण है? दरअसल, स्थिरता के किसी निरपेक्ष (एब्सलूट) मानक के अभाव के भौतिकी के लिए गंभीर निहितार्थ हैं : इसका मतलब है कि हम यह निर्धारित नहीं कर सकते कि दो अलग-अलग समयों में घटित हुई दो घटनाएँ अंतरिक्ष में एक ही स्थिति में हुईं थीं या नहीं।

इसका अनुमान करने के लिए, मान लीजिए कि ट्रेन में कोई व्यक्ति टेबल टेनिस की गेंद को ऊपर-नीचे उछालता हुआ गेंद को एक सेकंड के अंतराल से टेबल पर एक ही स्थान पर टकराता है। उस व्यक्ति के लिए पहले और दूसरे उछाल की जगहों में शून्य के बराबर फ़र्क़ होगा। पटरियों के बग़ल में खड़े व्यक्ति के लिए उन दोनों उछालों की जगहों के बीच लगभग चालीस मीटर की दूरी प्रतीत होगी, क्योंकि ट्रेन ने दोनों उछालों के बीच इतनी दूरी तय कर ली होगी। न्यूटन के अनुसार,

दोनों पर्यवेक्षकों के पास ख़ुद को स्थिर मानने का समान अधिकार होगा, इसलिए दोनों दृष्टिकोण समान रूप से स्वीकार्य हैं। एक के संदर्भ में दूसरे के साथ पक्षपात नहीं किया गया, जैसा अरस्तू का विश्वास था। घटनाओं की लक्षित स्थितियाँ और उनके बीच की दूरी ट्रेन में सवार व्यक्ति और पटरी के बग़ल में खड़े व्यक्ति के लिए भिन्न होंगी, और एक व्यक्ति के पर्यवेक्षण पर दूसरे व्यक्ति के पर्यवेक्षण को वरीयता देने की कोई वजह नहीं होगी।

न्यूटन इस निरपेक्ष स्थिति, या निरपेक्ष अंतरिक्ष (जैसा कि उसे कहा जाता था) के अभाव से काफ़ी चिंतित थे, क्योंकि इसका परम (एब्सलूट) ईश्वर की उनकी धारणा के साथ मेल नहीं बैठता था। दरअसल, उन्होंने निरपेक्ष अंतरिक्ष के अभाव को स्वीकार करने से इंकार कर दिया था, बावजूद इसके कि यह बात उनके नियम में अंतर्निहित थी। इस अतार्किक विश्वास के लिए बहुत सारे लोगों ने उनकी तीखी आलोचना की थी, विशेष रूप से बिशॉप बर्कले ने, जो एक दार्शनिक थे और जो मानते थे कि सारी भौतिक वस्तुएँ और अंतरिक्ष-समय सभी भ्रम हैं। जब प्रसिद्ध डॉ. जॉनसन को बर्कले की इस धारणा के बारे में बताया गया, तो वे चीख़ पड़े थे, "मैं इसका इस तरह खंडन करता हूँ" और उन्होंने पैर से एक बड़े पत्थर को ठोकर मार दी।

अरस्तू और न्यूटन, दोनों ही एक निरपेक्ष समय में विश्वास रखते थे, यानी, उनका विश्वास था कि व्यक्ति दो घटनाओं के बीच के अंतराल को सुस्पष्ट ढंग से माप सकते हैं और यह समय एक-जैसा ही होगा, भले ही उसे कोई भी माप रहा हो, शर्त सिर्फ़ इतनी है कि वह व्यक्ति अच्छी घड़ी का इस्तेमाल करता हो। निरपेक्ष अंतरिक्ष से भिन्न, यह निरपेक्ष समय न्यूटन के नियमों के अनुरूप था। और इसी को ज़्यादातर लोग कॉमन सेंस दृष्टिकोण की तरह लेने वाले थे, लेकिन, बीसवीं सदी के भौतिकविज्ञानियों को देश और काल (अंतरिक्ष और समय) के बारे में अपनी धारणाओं को बदलने की ज़रूरत महसूस हुई। जैसा कि हम देखेंगे, उन्होंने पाया कि घटनाओं के बीच समय की लंबाई, टेबल टेनिस की गेंद के टप्पा खाने के बिंदुओं के बीच की दूरी की ही तरह, देखने वाले पर निर्भर करती है। उन्होंने यह भी पाया कि समय, स्थान से पूरी तरह अलग और स्वतंत्र नहीं है। इन अनुभवों के पीछे प्रकाश के गुण-धर्मों की नई समझ केंद्रीय महत्त्व रखती थी। वे हमारे अनुभव के विपरीत लग सकते हैं, लेकिन जब हम सेब या तुलनात्मक रूप से धीमी गति से चलने वाले ग्रहों आदि से निपटते हैं, तब हालाँकि हमारी कॉमनसेंस धारणाएँ काफ़ी अच्छी तरह से उपयोगी होती हैं, लेकिन यही धारणाएँ उस वक़्त बिलकुल भी काम में नहीं आतीं, जब हम ऐसी चीज़ों का सामना करते हैं, जो प्रकाश की गति से या उसके आस-पास की गति से यात्रा करती हैं।

5

सापेक्षता

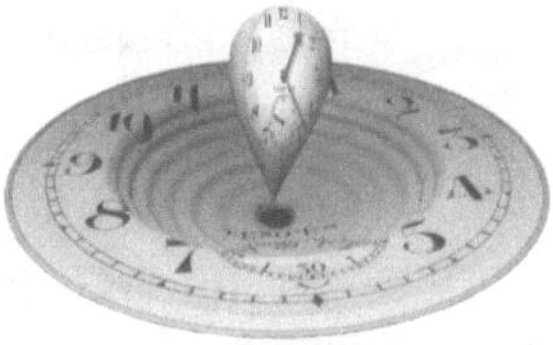

प्रकाश एक निश्चित, किन्तु बहुत तेज़ गति से यात्रा करता है, इस बात की खोज सबसे पहले 1676 में डेनमार्क के खगोलविज्ञानी ओले क्रिस्टेंसन रोमर ने की थी। अगर आप बृहस्पति के चंद्रमाओं को ध्यान-से देखें, तो आप पाएँगे कि समय-समय पर वे दृष्टि से ओझल हो जाते हैं, क्योंकि वे उस विशालकाय ग्रह के पीछे से गुज़र रहे होते हैं। बृहस्पति के चंद्रमाओं के ये ग्रहण नियमित अंतराल के साथ पड़ने चाहिए, लेकिन रोमर ने ग़ौर किया कि इन ग्रहणों के बीच का अंतराल एक-जैसा नहीं होता है। क्या इसकी वजह यह है कि ये चंद्रमा अपनी कक्षाओं में तेज़ और धीमी रफ़्तार से घूमते हैं? रोमर की व्याख्या अलग थी। अगर प्रकाश अंतहीन गति से यात्रा करता होता, तो पृथ्वी के हम लोग इन ग्रहणों को नियमित अंतराल के साथ, ठीक उसी वक़्त देखते जब वे ग्रहण हो रहे होते, ब्रह्मांडीय घड़ी की टिक-टिक की तरह। चूँकि प्रकाश किसी भी दूरी को तत्क्षण पार कर लेता, इसलिए बृहस्पति के पृथ्वी के क़रीब आने या दूर चले जाने से स्थिति में कोई फ़र्क़ पैदा नहीं होता।

अब कल्पना कीजिए कि प्रकाश नियत गति से यात्रा करता है। अगर ऐसा है, तो हम प्रत्येक ग्रहण को उसके पड़ने के कुछ समय बाद ही देख पाएँगे। यह विलंब प्रकाश की गति *और* बृहस्पति की पृथ्वी से दूरी पर निर्भर करता है। अगर बृहस्पति पृथ्वी से अपनी दूरी न बदलता, तो हर ग्रहण का विलंब समान होता, लेकिन बृहस्पति कभी-कभी पृथ्वी के ज़्यादा क़रीब आ जाता है। ऐसी स्थितियों में, एक-के-बाद-एक होने वाले प्रत्येक ग्रहण के 'संकेत' को उत्तरोत्तर कम दूरी पार करनी पड़ती है, इसलिए वह उसकी तुलना में उत्तरोत्तर जल्दी पहुँच जाता है, जितना वह तब पहुँचता, जब बृहस्पति एक निश्चित दूरी पर बना रहता। ठीक ऐसी ही वजहों से जब बृहस्पति पृथ्वी से दूर जा रहा होता है, तब हमें ये ग्रहण उत्तरोत्तर बाद में दिखाई देते हैं। इस शीघ्र और विलंबित आगमन की सीमा प्रकाश की गति

पर निर्भर करती है, और इसी से हमें इसको मापने की गुंजाइश मिलती है। रोमर ने यही किया था। उन्होंने ग़ौर किया कि बृहस्पति के एक चंद्रमा के ग्रहण, वर्ष के उन दिनों में अपेक्षाकृत पहले प्रकट हो जाते थे, जब पृथ्वी बृहस्पति की कक्षा के क़रीब जा रही होती थी, और उन दिनों में अपेक्षाकृत बाद में प्रकट होते थे, जब पृथ्वी उसकी कक्षा से दूर जा रही होती थी। यह ग़ौर करने के बाद उन्होंने प्रकाश की गति की गणना करने के लिए इस अंतर का उपयोग किया, लेकिन बृहस्पति से पृथ्वी की दूरी की घट-बढ़ की उनके द्वारा की गई परिगणनाएँ बहुत सटीक नहीं थीं, इसलिए उन्होंने प्रकाश की गति का जो परिमाण निकाला, वह आज के 186,000 मील प्रति सेकंड परिमाण की तुलना में 140,000 मील प्रति सेकंड था। तब भी, न सिर्फ़ यह साबित करने के मामले में कि प्रकाश एक नियत गति से यात्रा करता है, बल्कि उस गति का माप करने के मामले में भी, रोमर की उपलब्धि बहुत महत्त्वपूर्ण थी, जो न्यूटन की *प्रिंसिपिया मैथामैटिका* के प्रकाशन से ग्यारह वर्ष पहले सामने आ गई थी।

प्रकाश के प्रसार का माकूल सिद्धांत 1865 में ही आ सका, जब ब्रिटेन के भौतिक विज्ञानी जेम्स क्लर्क मैक्सवेल उन आंशिक सिद्धांतों को एकीकृत करने में सफल हो सके, जो तब तक विद्युत और चुंबकीय बलों का विवरण देने के काम में आते रहे थे, हालाँकि विद्युत और चुंबकत्व की जानकारी प्राचीन काल से ही थी, लेकिन अठारहवीं सदी में जाकर ही ब्रिटेन के रसायनशास्त्री हेनरी कैवेंडिश और फ्रांसीसी भौतिक विज्ञानी चार्ल्स-ऑगस्टिन डी कूलंब ने दो आविष्ट निकायों के बीच विद्युत बल को नियंत्रित करने वाले परिमेय नियमों (क्वांटिटेटिव लॉ) को स्थापित किया था। कुछ दशकों बाद, उन्नीसवीं सदी के आरंभ में, कई भौतिक विज्ञानियों ने चुंबकीय बलों के लिए भी ऐसे ही नियम स्थापित किए। मैक्सवेल ने गणितीय ढंग से यह दर्शाया कि ये विद्युत और चुंबकीय बल उन कणों (पार्टिकल्स) से उत्पन्न नहीं होते, जो एक-दूसरे पर सीधे क्रिया करते हैं। इसकी बजाय प्रत्येक विद्युत आवेश (इलेक्ट्रिकल चार्ज) और प्रवाह (करंट) अपने चारों ओर की जगह में एक क्षेत्र तैयार करता है, जो उस जगह में स्थित हर अन्य आवेश और प्रवाह पर बल डालता है। उन्होंने पाया कि किसी भी एक क्षेत्र में विद्युत और चुंबकीय बल होते हैं। इस तरह, विद्युत और चुंबकत्व एक ही बल के ऐसे दो पक्ष हैं, जिन्हें एक-दूसरे से अलग नहीं किया जा सकता। इस बल के लिए उन्होंने विद्युत-चुंबकीय बल (इलेक्ट्रोमैग्नेटिक फ़ोर्स) और जिस क्षेत्र में यह बल होता है, उसे विद्युत-चुंबकीय क्षेत्र के नाम से पुकारा।

मैक्सवेल के समीकरणों ने यह पूर्वानुमान प्रस्तुत किया कि विद्युत-चुंबकीय क्षेत्र में तरंगनुमा उत्तेजनाएँ हो सकती हैं और तरंगें, झील में उठती लहरों की तरह, एक निश्चित रफ़्तार से यात्रा करेंगी। जब उन्होंने इस रफ़्तार की गणना की, तो उन्होंने पाया कि यह रफ़्तार ठीक-ठीक प्रकाश की गति से मेल खाती थी! आज हम

जानते हैं कि जब मैक्सवेल की इन तरंगों की वेवलेंथ एक सेंटीमीटर के चार सौ से आठ सौ लाख के अंश के बीच होती है, तब इन्हें प्रकाश की भाँति इंसानी निगाहों से देखा जा सकता है। (तरंग चढ़ाव-उतार का सिलसिला है; वेवलेंथ चढ़ाव और उतार के बीच की दूरी है।) जिन तरंगों की वेवलेंथ दिखाई देने वाले प्रकाश की वेवलेंथ से छोटी होती हैं, उन्हें आज पराबैंगनी प्रकाश, एक्स-किरणों, और गामा किरणों के नाम से जाना जाता है। जिन किरणों की लंबाई अपेक्षाकृत ज़्यादा होती है, उन्हें रेडियो तरंगों (एक मीटर या ज़्यादा) माइक्रोवेव्स (लगभग एक सेंटीमीटर), या इंफ्रा़रेड रेडिएशन (एक सेंटीमीटर के दस हज़ारवें हिस्से से कम, लेकिन दृश्यमान दायरे से ज़्यादा) कहलाती हैं।

मैक्सवेल के सिद्धांत में यह बात निहित थी कि रेडियो तरंगें या प्रकाश तरंगें एक तयशुदा गति से यात्रा करती हैं। इसका न्यूटन के इस सिद्धांत से तालमेल बैठाना मुश्किल था कि स्थिरता का कोई निरपेक्ष मानक नहीं है, क्योंकि अगर ऐसा कोई मानक नहीं है, तो किसी वस्तु की गति को लेकर कोई सार्वभौमिक सहमति नहीं बन सकती। ऐसा क्यों है, यह समझने के लिए, एक बार फिर से कल्पना कीजिए कि आप ट्रेन में टेबल-टेनिस खेल रहे हैं। अगर आप गेंद पर ट्रेन के सामने वाले हिस्से की दिशा में उस रफ़्तार से आघात करते हैं, जो आपके प्रतिद्वंद्वी की गणना के हिसाब से दस मील प्रतिघंटा है, तो आप उम्मीद करेंगे कि प्लेटफ़ॉर्म पर खड़ा दर्शक गेंद को सौ मील प्रतिघंटे की गति की तरह अनुभव करेगा - इसमें से दस ट्रेन की सापेक्षता में गति है और नब्बे प्लेटफ़ॉर्म की सापेक्षता में ट्रेन की रफ़्तार है। तब गेंद की रफ़्तार क्या है, दस मील प्रति घंटा या सौ मील प्रति घंटा? आप इसे कैसे परिभाषित करेंगे - ट्रेन की सापेक्षता में या पृथ्वी की सापेक्षता में? स्थिरता के किसी निरपेक्ष मानक के अभाव में आप गेंद की कोई निरपेक्ष गति निर्धारित नहीं कर सकते। उसी गेंद को आप, उस कसौटी के आधार पर जिस पर रफ़्तार को मापा गया है, समान रूप से किसी भी रफ़्तार की बता सकते हैं। न्यूटन के सिद्धांत के अनुसार यही बात प्रकाश पर लागू होनी चाहिए। तब मैक्सवेल के सिद्धांत में प्रकाश की तरंगों के एक निश्चित गति से यात्रा करने का क्या मतलब निकलता है?

मैक्सवेल के सिद्धांत का न्यूटन के नियमों से तालमेल बैठाने के लिए, यह सुझाव दिया गया कि ईथर नामक एक पदार्थ होता है, जो हर कहीं मौजूद होता है। यहाँ तक कि 'ख़ाली' अंतरिक्ष के शून्य में भी वह होता है। ईथर के इस विचार के प्रति उन वैज्ञानिकों का अतिरिक्त आकर्षण था, जिन्हें हर हाल में लगता था कि जिस तरह जल-तरंगों के लिए पानी और ध्वनि-तरंगों के लिए हवा की ज़रूरत होती है, उसी प्रकार विद्युत-चुंबकीय ऊर्जा की तरंगों को ले जाने के लिए किसी माध्यम की ज़रूरत होनी चाहिए। इस दृष्टिकोण के मुताबिक़, प्रकाश की तरंगें उसी

प्रकार ईथर के माध्यम से यात्रा करती हैं, जिस प्रकार ध्वनि–तरंगें हवा के माध्यम से यात्रा करती हैं, और मैक्सवेल के समीकरण से निकाली गई उनकी 'गति' को ईथर की सापेक्षता में मापा जाना चाहिए। इसके लिए अलग–अलग पर्यवेक्षकों को उनकी ओर आता हुआ प्रकाश अलग–अलग गतियों में आता दिखाई देगा, लेकिन ईथर की सापेक्षता में प्रकाश की गति निश्चित बनी रहेगी।

इस धारणा को जाँचा जा सकता था। किसी स्रोत से प्रकाश के विकिरण की कल्पना करें। ईथर सिद्धांत के अनुसार, प्रकाश ईथर के रास्ते प्रकाश की गति से यात्रा करता है। अगर आप ईथर के रास्ते उसकी ओर बढ़ते हैं, तो जिस गति से आप प्रकाश की ओर बढ़ेंगे, वह ईथर के रास्ते गुज़रते प्रकाश की गति और ईथर के रास्ते आपके गुज़रने की गति का योग होगी। प्रकाश आपके क़रीब उस स्थिति में ज़्यादा तेज़ी–से आएगा जब, मसलन, आप या तो चलें ही न हों या किसी दूसरी दिशा में चले हों। तब भी, क्योंकि जिस गति से आप प्रकाश के स्रोत की ओर बढ़ सकते थे, उसकी तुलना में प्रकाश की गति बहुत अधिक होती थी, इसलिए गति का यह अंतर मापने की दृष्टि से बहुत मुश्किल प्रभाव था।

1887 में ऐल्बर्ट माइकल्सन (जो बाद में भौतिकी का नोबेल पुरस्कार प्राप्त करने वाले पहले अमेरिकी बने) और एड्वर्ड मोर्ले ने क्लीवलैंड में केस स्कूल ऑफ़ एप्लाइड साइंसेज़ (जो अब केस वेस्टर्न रिज़र्व यूनिवर्सिटी है) में एक अत्यंत सावधानीपूर्ण और मुश्किल प्रयोग किया। उन्होंने पाया कि क्योंकि पृथ्वी लगभग बीस मील प्रति सेकंड की गति से सूर्य की परिक्रमा करती है, इसलिए उनकी प्रयोगशाला भी ईथर के रास्ते अपेक्षाकृत तेज़ रफ़्तार से घूमनी चाहिए। बेशक, यह कोई नहीं जानता था कि ईथर सूर्य की सापेक्षता में किस दिशा में और कितनी तेज़ी–से गतिशील था, या वह गतिशील था भी या नहीं, लेकिन वर्ष के अलग–अलग समयों पर, जब पृथ्वी अपनी कक्षा के साथ अलग–अलग स्थितियों में थी, प्रयोग को दोहराते हुए वे इस अज्ञात कारक की व्याख्या जानने की उम्मीद कर सकते थे। इसलिए माइकल्सन और मोर्ले ने ईथर के रास्ते पृथ्वी की गति की दिशा में मापी गई प्रकाश की गति के साथ उस गति के समकोणों पर प्रकाश की गति की तुलना करने के लिए प्रयोग आरंभ किया। यह जानकर उन्हें बहुत आश्चर्य हुआ कि दोनों ही दिशाओं में गति एक–जैसी थी!

1887 और 1905 के बीच ईथर सिद्धांत की रक्षा करने के अनेक प्रयत्न हुए। इनमें सबसे ज़्यादा उल्लेखनीय प्रयत्न था हॉलैंड के भौतिकीविज्ञानी हेंड्रिक लोरेंत्ज़ का, जिन्होंने माइकल्सन–मोर्ले के प्रयोग के नतीजों को ईथर से गुज़रती वस्तुओं के संकुचन और घड़ियों के धीमे पड़ जाने की पदावली में समझाने की कोशिश की, लेकिन स्विट्ज़रलैंड के पेटंट ऑफ़िस के अब तक अज्ञात एक क्लर्क एल्बर्ट

आइंस्टाइन ने 1905 में लिखे गए एक प्रसिद्ध शोधपत्र में इस ओर ध्यान दिलाया कि ईथर की पूरी धारणा ही ग़ैरज़रूरी है, बशर्ते कि हम निरपेक्ष समय के विचार को त्यागने के लिए तैयार हों (इसे हम जल्दी ही देखेंगे)। कुछ ही हफ़्तों बाद, फ़्रांस के एक अग्रणी गणितज्ञ आँग़ी पाँकैग़े ने भी यही बात कही। आइंस्टाइन का तर्क पाँकैग़े के मुक़ाबले भौतिकी के ज़्यादा क़रीब था, जिन्होंने इस समस्या को विशुद्ध गणितीय समस्या की तरह देखा था और जिन्होंने अपनी मृत्युपर्यन्त इस सिद्धांत की आइंस्टाइन की व्याख्या को स्वीकार नहीं किया था।

आइंस्टाइन के सापेक्षता के मौलिक अभिधारणा सिद्धांत (जैसा कि उसे कहा जाता है) का बुनियादी दावा कहता था कि विज्ञान के नियम तमाम गतिशील पर्यवेक्षकों के लिए समान होने चाहिए, उनकी गति चाहे जो भी हो। यह बात न्यूटन के गति के सिद्धांत के संदर्भ में सही थी, लेकिन आइंस्टाइन ने इस विचार के विस्तार में अब मैक्सवेल के सिद्धांत को भी समेट लिया। दूसरे शब्दों में, चूँकि मैक्सवेल का सिद्धांत निर्धारित करता है कि प्रकाश की गति का एक प्रदत्त मान है, इसलिए सारे उन्मुक्त पर्यवेक्षकों को समान मान का मापन करना चाहिए, जिसमें इससे कोई फ़र्क़ नहीं पड़ना चाहिए कि वे कितनी तेज़ी-से प्रकाश की ओर या उससे दूर जा रहे हैं। यह सरल-सा विचार निश्चय ही - ईथर या किसी भी अन्य अधिमान्य संदर्भ का इस्तेमाल किए बग़ैर - मैक्सवेल के समीकरणों में प्रकाश की गति के अर्थ को स्पष्ट कर देता था, तब भी इसमें कुछ असाधारण और अक्सर सहज बोध के विपरीत जाने वाले परिणाम निहित थे।

उदाहरण के लिए, यह माँग कि सारे पर्यवेक्षकों को इस बात पर सहमत होना चाहिए कि प्रकाश कितने वेग से यात्रा करता है, हमें समय की अपनी अवधारणा को बदलने पर मज़बूर करती है। एक बार फिर तेज़ रफ़्तार भागती हुई ट्रेन की कल्पना कीजिए। अध्याय 4 में हमने देखा कि हालाँकि, ट्रेन में गेंद को उछालता कोई व्यक्ति कह सकता है कि गेंद ने कुछ ही इंच का सफ़र किया है, लेकिन प्लेटफ़ॉर्म पर खड़ा कोई व्यक्ति गेंद को लगभग चालीस मीटर का सफ़र करते अनुभव करेगा। इसी तरह, अगर ट्रेन में सवार किसी पर्यवेक्षक को टॉर्च की रोशनी दिखाई जाती है, तो दोनों पर्यवेक्षक प्रकाश द्वारा की गई यात्रा की दूरी को लेकर आपस में असहमत होंगे। चूँकि गति समय से विभाजित दूरी है, इसलिए अगर वे प्रकाश द्वारा तय की गई यात्रा को लेकर असहमत होंगे, तो प्रकाश की गति पर उन्हें सहमत करने का एक ही तरीक़ा यह होगा कि वे उस समय को लेकर भी असहमत हों, जो उस यात्रा में लगा है। दूसरे शब्दों में, सापेक्षता के सिद्धांत के लिए ज़रूरी है कि हम निरपेक्ष समय की धारणा को समाप्त कर दें! इसकी बजाय प्रत्येक पर्यवेक्षक का समय का अपना माप होना चाहिए, जिसे उसने अपनी घड़ी से

दर्ज किया हो, और विभिन्न पर्यवेक्षकों की उसी जैसी घड़ियों का आपस में सहमत होना ज़रूरी नहीं है।

सापेक्षता में ईथर की धारणा को प्रस्तुत करने की कोई ज़रूरत नहीं है, जिसकी मौजूदगी की टोह नहीं ली जा सकती, जैसा कि माइकल्सन-मोर्ले ने दर्शाया था।। इसकी बजाय, सापेक्षता का सिद्धांत हमें अंतरिक्ष और समय की हमारी धारणाओं को बुनियादी तौर पर बदलने के लिए बाध्य करता है। हमें यह स्वीकार करना चाहिए कि काल, देश से पूरी तरह अलग और स्वतंत्र नहीं है, बल्कि दोनों आपस में मिले हैं, जिससे वे अंतरिक्ष-समय नामक वस्तु की रचना करते हैं। ये आसानी-से समझ में आने वाले विचार नहीं हैं। सापेक्षता को, भौतिक विज्ञान के समुदाय के भीतर भी, सार्वभौमिक स्वीकृति मिलने में वर्षों लग गए थे। यह आइंस्टाइन की कल्पनाशीलता का साक्ष्य है कि वे इसकी अवधारणा कर सके, और यह अपने तर्क के प्रति उनके आत्मविश्वास का भी साक्ष्य है कि अवधारणा विषम निष्कर्षों की ओर ले जाती प्रतीत होती थी, लेकिन इसके बावजूद वे नतीजे निकाल सके।

यह सामान्य अनुभव का मसला है कि हम तीन संख्याओं या निर्देशांकों (कोऑर्डिनेट्स) के माध्यम से अंतरिक्ष में किसी बिंदु को दर्शा सकते हैं। उदाहरण के लिए, हम कह सकते हैं कि कमरे का कोई बिंदु एक दीवार से सात मीटर दूर, दूसरी से तीन मीटर दूर, और फ़र्श से पाँच मीटर की ऊँचाई पर है या हम स्पष्ट रूप से कह सकते हैं कि कोई बिंदु अमुक अक्षांश और देशांश पर और समुद्र की सतह से अमुक ऊँचाई पर है। हम कोई भी तीन उपयुक्त निर्देशांकों को इस्तेमाल करने के लिए स्वतंत्र हैं, हालाँकि उनकी प्रामाणिकता का दायरा सिर्फ़ सीमित ही है। स्पष्ट रूप से यह बता सकना व्यावहारिक नहीं होगा कि चंद्रमा पिक्काडिली सर्कस के उत्तर में इतने मील और पश्चिम में इतने मील की दूरी तथा समुद्र की सतह से इतनी ऊँचाई पर है। इसकी बजाय हम इसे सूर्य से दूरी, ग्रहों की कक्षाओं की सतह से दूरी, और चंद्रमा से सूर्य को जोड़ने वाली रेखा तथा सूर्य को उसके क़रीब के किसी नक्षत्र, जैसे कि प्रॉक्सिमा सेंटॉरी से जोड़ने वाली रेखा के कोण की पदावली में दर्शा सकते हैं। यहाँ तक कि निर्देशांक भी हमारी आकाशगंगा में सूर्य की स्थिति या आकाशगंगाओं के स्थानीय समूह में हमारी आकाशगंगा की स्थिति को दर्शाने में भी बहुत सहायक नहीं होंगे। वस्तुतः हम समूचे ब्रह्मांड को परस्पर व्यापक टुकड़ों के समूह में दर्शा सकते हैं। हर टुकड़े में हम किसी बिंदु की स्पष्ट स्थिति दर्शाने के लिए तीनों निर्देशांकों के भिन्न सेट का इस्तेमाल कर सकते हैं।

सापेक्षता के अंतरिक्ष-समय में, किसी भी घटना - यानी अंतरिक्ष और समय के किसी ख़ास बिंदु पर घटित किसी भी घटना - को चार अंकों या निर्देशांकों से स्पष्ट रूप से दर्शाया जा सकता है। एक बार फिर निर्देशांकों का चयन ऐच्छिक

होगा : हम किन्हीं भी तीन सुपरिभाषित दैशिक निर्देशांकों और समय के किसी भी माप का इस्तेमाल कर सकते हैं, लेकिन सापेक्षता में देश और काल के निर्देशांकों के बीच कोई वास्तविक भेद नहीं होता, उसी तरह जैसे कि दो दैशिक निर्देशांकों के बीच कोई वास्तविक फ़र्क़ नहीं होता। हम निर्देशांकों के एक नए सेट का चयन कर सकते हैं, जिसमें मसलन, पहला दैशिक निर्देशांक पुराने पहले और दूसरे दैशिक निर्देशांक का मिश्रण हो। इसलिए पृथ्वी पर किसी बिंदु की स्थिति की पैमाइश करने के लिए पिक्काडेली के उत्तर और पिक्काडेली के पश्चिम के मीलों की बजाय, हम पिक्काडेली के उत्तरपूर्व और पिक्काडेली के उत्तरपश्चिम के मीलों का इस्तेमाल कर सकते हैं। इसी तरह, हम एक नए कालिक निर्देशांक का इस्तेमाल कर सकते हैं, जो पुराने समय (सेकंडों में) और पिक्काडेली के उत्तर में दूरी (प्रकाश-सेकंड में) का मिश्रण होता।

सापेक्षता का एक और सुपरिचित परिणाम है द्रव्यमान और ऊर्जा की तुल्यरूपता, जिसका संक्षिप्त रूप आइंस्टाइन का प्रसिद्ध समीकरण $E=mc^2$ (जिसमें E ऊर्जा है, m द्रव्यमान है और c प्रकाश की गति है)। लोग अक्सर इस समीकरण को इस गणना के लिए प्रयोग में लाते हैं कि अगर, मसलन, पदार्थ के एक छोटे-से अंश को विशुद्ध विद्युत-चुंबकीय विकिरण में बदल दिया जाए, तो उससे कितनी ऊर्जा उत्पन्न होगी। (चूँकि प्रकाश की गति की संख्या बहुत अधिक है, इसलिए इसका जवाब होगा, बहुत अधिक - जिस बम ने हिरोशिमा नगर को नष्ट कर दिया था, उसमें एक औंस से भी कम पदार्थ का इस्तेमाल किया गया था, लेकिन यह समीकरण हमें यह भी बताता है कि अगर किसी वस्तु की ऊर्जा में वृद्धि होती है, तो उसके द्रव्यमान में भी वृद्धि होती है, यानी वेग के प्रति उसके प्रतिरोध में, या रफ़्तार के बदलाव में।

ऊर्जा का एक रूप गति की ऊर्जा है, जिसे गत्यात्मक ऊर्जा (किनेटिक एनर्जी) के नाम से जाना जाता है। जिस तरह आपकी कार को गतिशील करने में ऊर्जा की ज़रूरत पड़ती है, उसी तरह किसी भी वस्तु की गति को बढ़ाने में भी ऊर्जा की ज़रूरत पड़ती है। किसी भी गतिशील वस्तु की गत्यात्मक ऊर्जा, उस ऊर्जा के समान होती है, जो आप उसे गतिशील बनाए रखने के लिए ख़र्च करते हैं। इसलिए कोई भी वस्तु जितनी तेज़ी-से चलती है, उतनी ही ज़्यादा गत्यात्मक ऊर्जा उसमें मौजूद होती है, लेकिन ऊर्जा और द्रव्यमान की तुल्यरूपता के अनुसार, गत्यात्मक ऊर्जा उस वस्तु के द्रव्यमान में भी योग करती है, इसलिए कोई भी वस्तु जितनी ही ज़्यादा रफ़्तार से गतिशील होती है, उस वस्तु की रफ़्तार को और अधिक बढ़ाना उतना ही मुश्किल होता है।

यह प्रभाव सिर्फ़ उन वस्तुओं के संदर्भ में वास्तव में महत्त्वपूर्ण होता है, जिनकी गति प्रकाश की रफ़्तार के क़रीब होती है। उदाहरण के लिए, प्रकाश की

गति के 10 प्रतिशत पर वस्तु का द्रव्यमान सामान्य से मात्र 0.5 प्रतिशत ज़्यादा होता है, जबकि प्रकाश की गति के 90 प्रतिशत होने पर वह अपने सामान्य द्रव्यमान से दोगुने से भी ज़्यादा होगा। जैसे ही कोई वस्तु प्रकाश की गति तक पहुँच जाती है, उसका द्रव्यमान निरंतर तेज़ी-से बढ़ने लगता है, इसलिए वह अपनी रफ़्तार और ज़्यादा बढ़ाने के लिए ज़्यादा-से-ज़्यादा ऊर्जा लेने लगती है। सापेक्षता के सिद्धांत के मुताबिक़, कोई वस्तु दरअसल प्रकाश की गति तक कभी पहुँच ही नहीं सकती, क्योंकि तब तक उसका द्रव्यमान अनंत हो जाएगा, और द्रव्यमान तथा ऊर्जा की तुल्यरूपता की वजह से उसने वहाँ तक पहुँचने के लिए ऊर्जा की अनंत मात्रा का इस्तेमाल कर लिया होगा। यही वजह है कि कोई भी सामान्य वस्तु हमेशा सापेक्षता से इस तरह परिसीमित होती है कि वह प्रकाश की गति से धीमी रफ़्तार से गतिशील होती है। केवल प्रकाश, या वे दूसरी तरंगें ही प्रकाश की गति से चल सकती हैं, जिनका कोई आंतरिक द्रव्यमान नहीं होता।

आइंस्टाइन का 1905 का सापेक्षता का सिद्धांत 'विशेष सापेक्षता' (स्पेशल रिलेटिविटी) के नाम से जाना जाता है। ऐसा इसलिए है, क्योंकि हालाँकि, वह इस बात को स्पष्ट काने में सफल रहे थे कि प्रकाश की गति तमाम पर्यवेक्षकों के लिए समान होती है और इस बात को समझाने में भी सफल रहे थे कि जब चीज़ें लगभग प्रकाश की गति से आगे बढ़ती हैं, तब क्या होता है, उसकी संगति न्यूटन के गुरुत्वाकर्षण के सिद्धांत से नहीं बैठती थी। न्यूटन का सिद्धांत कहता है कि किसी भी प्रदत्त समय में वस्तुएँ एक-दूसरे के प्रति उस बल के साथ आकर्षित होती हैं, जो उस समय में उन वस्तुओं के बीच की दूरी पर निर्भर करता है। इसका मतलब है कि अगर आप एक वस्तु को गतिशील करते हैं, तो दूसरी वस्तु पर बल तत्क्षण परिवर्तित हो जाएगा। मसलन, अगर, सूर्य अचानक ग़ायब हो जाए, तो मैक्सवेल का सिद्धांत हमसे कहता है कि पृथ्वी लगभग अगले आठ मिनट तक अँधेरे में नहीं डूबेगी (क्योंकि सूर्य के प्रकाश को हम तक पहुँचने में इतना ही समय लगता है), लेकिन न्यूटन के गुरुत्वाकर्षण के अनुसार, पृथ्वी तत्काल सूर्य के आकर्षण को महसूस करना बंद कर देगी और कक्षा के बाहर चली जाएगी। सूर्य के ग़ायब होने का गुरुत्वाकर्षी प्रभाव हम तक, प्रकाश की गति या उससे कम गति से पहुँचने की बजाय, अनंत गति से पहुँच चुका होगा, जैसा कि सापेक्षता के विशेष सिद्धांत के मुताबिक़ ज़रूरी है। आइंस्टाइन ने 1908 और 1914 के बीच विशेष सापेक्षता के साथ संगति बैठा सकने वाले गुरुत्वाकर्षण के सिद्धांत को हासिल करने के लिए अनेक विफल कोशिशें की थीं। अंतत: 1915 में उन्होंने और भी ज़्यादा क्रांतिकारी सिद्धांत सामने रखा, जिसे आज हम 'सापेक्षता का सामान्य सिद्धांत' के नाम से जानते हैं।

6

वक्र स्पेस

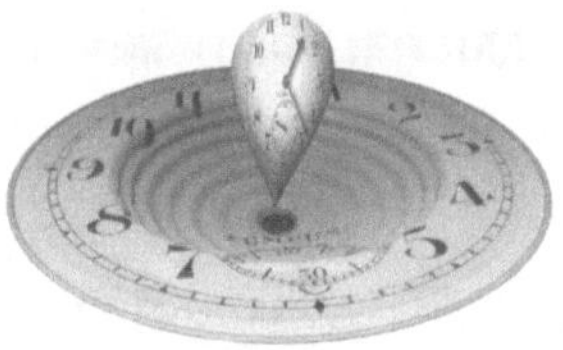

आइंस्टाइन का सामान्य सापेक्षता का सिद्धांत इस क्रांतिकारी संकेत पर आधारित है कि गुरुत्वाकर्षण दूसरे बलों की तरह का बल नहीं है, बल्कि वह इस बात का परिणाम है कि अंतरिक्ष-समय सपाट नहीं हैं, जैसा कि पहले माना जाता रहा था। सामान्य सापेक्षता के सिद्धांत के अनुसार, अंतरिक्ष-समय, उसमें द्रव्यमान और ऊर्जा के फैलाव की वजह से, वक्र या 'मुड़ा हुआ' है। पृथ्वी जैसे पिंड गुरुत्वाकर्षण नामक बल की वजह से वक्र कक्षाओं में नहीं घूमते; इसकी बजाय, वे वक्र कक्षाओं में इसलिए घूमते हैं, क्योंकि वे एक वक्र स्पेस में सीधे मार्ग के निकटतम मार्ग का अनुसरण करते हैं, जिसे जिओडेसिक के नाम से जाना जाता है। तकनीकी ढंग से बात करें, तो जिओडेसिक को दो निकट बिंदुओं के बीच की सबसे कम (या सबसे ज़्यादा) दूरी के रूप में परिभाषित किया जाता है।

दो-आयामी सपाट स्पेस का एक उदाहरण है ज्यामितीय सतह, जिस पर जिओडेसिक्स रेखाएँ होती हैं। पृथ्वी की सतह दो-आयामी वक्र स्पेस है। जिओडेसिक को पृथ्वी पर विशाल वृत्त (ग्रेट सर्कल) कहा जाता है। भूमध्यरेखा विशाल वृत्त है। इसी तरह ग्लोब का कोई भी दूसरा वृत्त है, जिसका केंद्र पृथ्वी के केंद्र के अनुरूप होता है। ('ग्रेट सर्किल' शब्द का संबंध इस बात से है कि ये वे सबसे बड़े वृत्त हैं, जिन्हें आप ग्लोब पर बना सकते हैं।) चूँकि जिओडेसिक दो हवाई अड्डों के बीच का संक्षिप्ततम मार्ग है, इसलिए हवाई कंपनी का संचालक पायलट से इसी रास्ते को अपनाने को कहेगा। उदाहरण के लिए, आप न्यू यॉर्क से मैड्रिड तक की उड़ान भरने के लिए, अक्षांश की उनकी उभयनिष्ठ रेखा के साथ-साथ, सीधे पूर्व की दिशा में 3,707 मील तक अपने कंपास का अनुसरण कर सकते हैं, लेकिन आप एक विशाल वृत्त के साथ-साथ चलते हुए वहाँ 3,605 मील का सफ़र करते हुए भी पहुँच सकते हैं, जिसके लिए आप पहले उत्तर-पूर्व की दिशा में जाएँ, फिर

क्रमशः पूर्व की ओर मुड़ें और फिर दक्षिणपूर्व की ओर। नक़्शे पर ये दो रास्ते, जिस तरह दिखाई देंगे, वह भ्रम में डालने वाला होगा, क्योंकि नक़्शे में ग्लोब की सतह विकृत होगी (उसे सपाट कर दिया गया होगा)। जब आप 'सीधे' पूर्व की ओर बढ़ते हैं, तब आप दरअसल, सीधे नहीं जा रहे होते हैं, कम-से-कम सीधे रास्ते यानी जिओडेसिक के संदर्भ में तो सीधे नहीं ही जा रहे होते हैं।

सामान्य सापेक्षता में, पिंड हमेशा चार-आयामी अंतरिक्ष-समय में जिओडेसिक्स का ही अनुसरण करते हैं। पदार्थ के अभाव में, ये जिओडेसिक चार-आयामी अंतरिक्ष-समय में त्रिआयामी स्पेस की सीधी रेखाओं के तुल्यरूप हैं। पदार्थ की उपस्थिति में चार-आयामी अंतरिक्ष-समय विकृत हो जाता है, और इस तरह वह त्रिआयामी स्पेस में पिंडों को कुछ इस तरह वक्र कर देता है, जिसे न्यूटन के पुराने सिद्धांत में चुंबकीय आकर्षण के प्रभावों के रूप में समझाया गया था। यह कुछ-कुछ किसी हवाई जहाज़ को पहाड़ी ज़मीन के ऊपर उड़ते हुए देखने जैसा है। हवाई जहाज़ त्रिआयामी स्पेस के रास्ते सीधी रेखा में उड़ रहा हो सकता है, लेकिन तीसरे आयाम - ऊँचाई - को हटा दें, तो आप पाते हैं कि उसकी छाया पहाड़ की दो आयामी ज़मीन पर एक वक्र मार्ग का अनुसरण करती है। या किसी ऐसे अंतरिक्ष यान की कल्पना करें जो, सीधा उत्तरी ध्रुव के ऊपर से गुज़रता हुआ, स्पेस में सीधी रेखा में उड़ रहा है। उसके मार्ग को पृथ्वी की दोआयामी सतह पर आरेखित करें और आप पाएँगे कि वह रेखा, उत्तरी गोलार्द्ध के ऊपर देशांश से होती हुई एक अर्द्धवृत्त का अनुसरण करती है, हालाँकि इस स्थिति की कल्पना करना मुश्किल है, लेकिन सूर्य का द्रव्यमान अंतरिक्ष-समय को कुछ इस तरह मोड़ देता है कि बावजूद इसके कि पृथ्वी चार-आयामी अंतरिक्ष-समय में सीधे रास्ते पर चलती है, लेकिन त्रिआयामी स्पेस में लगभग वृत्तकार कक्षा में चलती हुई प्रतीत होती है।

वास्तव में, ग्रहों की कक्षाएँ हालाँकि, भिन्न ढंग से व्युत्पन्न हैं, लेकिन सामान्य सापेक्षता द्वारा किए गए पूर्वानुमान में वे लगभग बिलकुल वैसी ही हैं, जैसा उनका पूर्वानुमान न्यूटन के गुरुत्वाकर्षण के सिद्धांत द्वारा किया गया था। सबसे बड़ा विचलन बुध की कक्षा में है, जो सूर्य का निकटतम ग्रह होने के नाते गुरुत्वाकर्षण के प्रबलतम प्रभावों को महसूस करता है और जिसकी अच्छी ख़ासी लंबी अंडाकार कक्षा है। सामान्य सापेक्षता का पूर्वानुमान है कि इस अंडाकृति की लंबी धुरी प्रति दस हज़ार वर्ष में लगभग एक डिग्री की दर से सूर्य की परिक्रमा करती होगी। यह प्रभाव यद्यपि छोटा है, लेकिन इसे 1915 के बहुत-बहुत पहले देखा गया था (देखें अध्याय 3), और इसने आइंस्टाइन के सिद्धांत की एक आरंभिक पुष्टि की भूमिका निभाई थी। हाल के वर्षों में, दूसरे ग्रहों के न्यूटन के अनुमानों से अपेक्षाकृत छोटे विचलनों की पैमाइश भी राडार की मदद से की गई है और उन्हें सामान्य सापेक्षता के पूर्वानुमानों के अनुरूप पाया गया है।

प्रकाश की किरणों का भी अंतरिक्ष-समय में जिओडेसिक्स का अनुसरण अनिवार्य है। एक बार फिर, स्पेस के घुमावदार होने का मतलब है कि प्रकाश अब स्पेस में सीधी रेखाओं में यात्रा करता नहीं दीखता, इसलिए सामान्य सापेक्षता का पूर्वानुमान है कि सूर्य के द्रव्यमान की वजह से प्रकाश का मार्ग सूर्य के निकट हल्का-सा अंदर की ओर झुका होगा। इसका मतलब है कि सूर्य के क़रीब से गुज़रते किसी सुदूर नक्षत्र का प्रकाश एक छोटे-से कोण पर भटक जाता होगा, जिसकी वजह से वह नक्षत्र पृथ्वी पर खड़े पर्यवेक्षक को भिन्न जगह पर स्थित दिखाई देता होगा। बेशक, अगर उस नक्षत्र का प्रकाश हमेशा सूर्य के क़रीब से गुज़रता होगा, तो हम यह कह पाने की स्थिति में नहीं रह जाएँगे कि प्रकाश भटका हुआ है या इसकी बजाय वह नक्षत्र वाक़ई उसी जगह पर है, जहाँ वह हमें दिखाई देता लगता है, लेकिन चूँकि पृथ्वी सूर्य की परिक्रमा करती है, विभिन्न नक्षत्र सूर्य के पीछे से गुज़रते प्रतीत होते हैं और उनका प्रकाश भटका हुआ प्रतीत होता है। इसलिए वे दूसरे नक्षत्रों की सापेक्षता में अपनी दृश्यमान स्थिति को बदल लेते हैं।

इस प्रभाव को देख पाना सामान्यत: बहुत मुश्किल होता है, क्योंकि सूर्य की रोशनी की वजह से आकाश में सूर्य के निकट प्रकट होने वाले नक्षत्रों को देख पाना असंभव होता है, लेकिन सूर्य ग्रहण के दौरान, जब चंद्रमा सूर्य के प्रकाश को आने से रोक देता है, तब ऐसा करना संभव होता है। प्रकाश के भटकाव के बारे में आइंस्टाइन के पूर्वानुमान की जाँच 1915 में तत्काल संभव नहीं हो सकी थी, क्योंकि उस समय प्रथम विश्व युद्ध जारी था। यह तो 1919 में ही संभव हुआ, जब पश्चिमी अफ़्रीका के तट से सूर्य ग्रहण का अवलोकन कर रहे ब्रिटेन के एक अभियान-दल ने यह दिखाया कि प्रकाश वाक़ई सूर्य द्वारा भटकाया जा रहा था, ठीक उसी तरह जैसा कि उस सिद्धांत ने पूर्वानुमान किया था। ब्रिटेन के वैज्ञानिकों द्वारा जर्मन सिद्धांत के प्रमाणीकरण को युद्ध के बाद दोनों देशों के बीच समझौते के महान कृत्य के रूप में देखा गया था। इसलिए, यह विडंबनापूर्ण है कि उस अभियान के दौरान ली गई तसवीरों के बाद में किए गए परीक्षण ने यह दर्शाया कि उसकी चूकें उतनी ही बड़ी थीं, जितना बड़ा वह प्रभाव था, जिसकी पैमाइश करने का उन लोगों ने प्रयत्न किया था। वह माप निरा संयोग था, या शायद वह उस परिणाम को जानने का मसला था, जिसे वे हासिल करना चाहते थे – जो कि विज्ञान के क्षेत्र की असामान्य बात नहीं है, लेकिन बाद के पर्यवेक्षणों से प्रकाश के उस भटकाव की एकदम सटीक पुष्टि हुई थी।

सामान्य सापेक्षता का एक और पूर्वानुमान यह है कि पृथ्वी जैसे विशाल पिंड के क़रीब समय को अपेक्षाकृत धीमी गति से बीतना चाहिए। आइंस्टाइन को इस बात का अहसास पहली बार 1907 में हुआ था, यानी उसके पाँच वर्ष पहले जब

उन्हें यह अहसास हुआ था कि गुरुत्वाकर्षण स्पेस के रूप को भी बदल देता है, और उसके आठ वर्ष पहले जब उन्होंने अपने सिद्धांत को अंतिम रूप दिया था। उन्होंने इस प्रभाव का पता तुल्यरूपता के अपने सिद्धांत का उपयोग करते हुए लगाया था, जिसने सामान्य सापेक्षता में वही भूमिका निभाई थी, जो विशेष सिद्धांत में बुनियादी अभिधारणा ने निभाई थी।

याद करें कि विशेष सापेक्षता की बुनियादी अभिधारणा कहती थी कि विज्ञान के नियम उन्मुक्त रूप से गतिशील सभी पर्यवेक्षकों के लिए समान होने चाहिए, भले ही वे किसी भी रफ़्तार से गतिशील हों। मोटे तौर पर बात करें, तो तुल्यरूपता का यह सिद्धांत इसके दायरे में उन पर्यवेक्षकों तक को शामिल करता है, जो उन्मुक्त रूप से गतिशील नहीं हैं, बल्कि जो गुरुत्वाकर्षी क्षेत्र के प्रभाव में हैं। इस सिद्धांत के स्पष्ट कथन में कुछ तकनीकी बातें हैं, जैसे यह कि गुरुत्वाकर्षी क्षेत्र एक-समान नहीं होता, आपको अनेक छोटे, एक-दूसरे को व्याप्त करते इलाक़ों पर इस सिद्धांत का अलग-अलग अनुप्रयोग करना चाहिए, लेकिन यहाँ यह हमारे विचार का विषय नहीं है। हमारे प्रयोजनों के लिए, हम इस सिद्धांत का कथन इस तरह कर सकते हैं : स्पेस के अपेक्षाकृत छोटे क्षेत्रों में यह कह पाना असंभव है कि किसी गुरुत्वाकर्षी क्षेत्र में आप स्थिर हैं या ख़ाली स्पेस में समान रूप से गतिशील हैं।

कल्पना कीजिए कि आप किसी ख़ाली जगह में एलिवेटर के अंदर हैं। वहाँ कोई गुरुत्वाकर्षण नहीं है, कोई 'ऊपर' और 'नीचे' नहीं है। आप उन्मुक्त ढंग से तैर रहे हैं। अब एलिवेटर एक-सी गति के साथ चलने लगता है। आप सहसा वज़न का अनुभव करते हैं, यानी आप ऐलिवेटर के एक सिरे की ओर खिंचाव महसूस करते हैं, जिसके बारे में सहसा आपको लगता है कि वह फ़र्श है! अब अगर आप एक सेब को गिराते हैं, तो वह फ़र्श पर गिर जाता है। वस्तुत: अब जबकि आप गतिशील हैं, अंदर होने वाली हर घटना ठीक उसी रूप में सामने आएगी, जैसी वह तब आती, जब एलिवेटर बिलकुल भी गतिशील होने की बजाय एक-जैसे गुरुत्वाकर्षी क्षेत्र में स्थिर होता। आइंस्टाइन ने अनुभव किया कि जिस तरह आप ट्रेन के भीतर रहते हुए यह नहीं कह सकते कि आप एक-जैसी गति से आगे बढ़ रहे हैं या नहीं, उसी तरह आप उस एलिवेटर के भीतर रहते हुए यह नहीं कह सकते कि आप समान रूप से गतिशील हैं या किसी समान रूप से गुरुत्वाकर्षी क्षेत्र में हैं। इसी का नतीजा उनका तुल्यरूपता का सिद्धांत था।

तुल्यरूपता का सिद्धांत और उसका यहाँ दिया गया उदाहरण केवल तभी तक सही है, जब आंतरिक द्रव्यमान (न्यूटन के गुरुत्वाकर्षण का द्रव्यमान, जो यह निर्धारित करता है कि आप कितना गुरुत्वाकर्षी बल महसूस करते हैं) और गुरुत्वाकर्षी द्रव्यमान एक ही चीज़ हों (देखें अध्याय 4)। ऐसा इसलिए है, क्योंकि

अगर दोनों तरह के द्रव्यमान एक-जैसे होंगे, तो गुरुत्वाकर्षी क्षेत्र की सारी वस्तुएँ एक ही रफ़्तार से गिरेंगी, उनका द्रव्यमान चाहे कितना ही क्यों न हो। अगर यह तुल्यरूपता सही न होती, तो गुरुत्वाकर्षण के प्रभाव में कुछ वस्तुएँ दूसरी वस्तुओं के मुक़ाबले ज़्यादा तेज़ी-से गिरतीं, जिसका मतलब होता कि आप गुरुत्वाकर्षण के खिंचाव को समरूप गति से अलग कर सकते थे, जिसमें हर वस्तु समान रफ़्तार से गिरती है। तुल्यरूपता के अपने सिद्धांत, और अंतत: सारी सामान्य सापेक्षता के निष्पादन के लिए, आंतरिक और गुरुत्वाकर्षी द्रव्यमान का आइंस्टाइन द्वारा किया गया उपयोग तार्किक विचार के उस अनवरत सफ़र का परिणाम है, जो मानवीय चिंतन के इतिहास में अनुपम है।

अब जबकि हम तुल्यरूपता के सिद्धांत से परिचित हैं, तो हम आइंस्टाइन के तर्क का अनुसरण करने की प्रक्रिया में एक अन्य प्रयोग कर सकते हैं, जो दर्शाता है कि गुरुत्वाकर्षण से समय का प्रभावित होना क्यों अनिवार्य है। स्पेस में एक रॉकेट यान की कल्पना कीजिए। सुविधा के लिए कल्पना कीजिए कि यह रॉकेट यान इतना लंबा है कि प्रकाश को इसके ऊपर से नीचे तक की दूरी पार करने में एक सेकंड का वक़्त लग जाता है। अंत में, मान लीजिए कि एक पर्यवेक्षक रॉकेट यान की सीलिंग पर है और एक पर्यवेक्षक उसके फ़र्श पर है, और दोनों के पास एक-जैसी घड़ियाँ हैं, जो एक सेकंड में टिक की आवाज़ करती हैं।

मान लीजिए कि सीलिंग पर मौजूद पर्यवेक्षक घड़ी के टिक का इंतज़ार करता है, और उसके तुरंत बाद फ़र्श पर मौजूद पर्यवेक्षक को प्रकाश का संकेत भेजता है। सीलिंग पर मौजूद पर्यवेक्षक घड़ी के अगली बार टिक करने पर यह क्रिया एक बार फिर करता है। इस सेटअप के मुताबिक़, हर संकेत एक सेकंड का सफ़र करता है और फिर फ़र्श पर मौजूद पर्यवेक्षक उस संकेत को ग्रहण करता है। इस तरह जैसे ही सीलिंग पर मौजूद पर्यवेक्षक एक सेकंड के अंतर से दो प्रकाश-संकेत भेजता है, फ़र्श पर मौजूद पर्यवेक्षक एक सेकंड के अंतर से दो संकेत ग्रहण करता है।

अगर यह रॉकेट यान स्पेस में उन्मुक्त तैरने की बजाय गुरुत्वाकर्षण के प्रभाव के अधीन पृथ्वी पर स्थिर खड़ा होता, तब उपर्युक्त स्थिति किस तरह भिन्न होती? न्यूटन के सिद्धांत के अनुसार, इस स्थिति पर गुरुत्वाकर्षण का कोई प्रभाव नहीं होगा। अगर सीलिंग पर मौजूद पर्यवेक्षक एक सेकंड के अंतर से संकेत भेजता है, तो पर्यवेक्षक उन्हें एक सेकंड के अंतर से ग्रहण करेगा, लेकिन तुल्यरूपता के सिद्धांत का पूर्वानुमान ऐसा ही नहीं है। वह सिद्धांत हमें बताता है कि गुरुत्वाकर्षण के प्रभाव की बजाय समरूप गति को ध्यान में रखते हुए हम देख सकते हैं कि क्या होता है। यह उस पद्धति का एक उदाहरण है, जिसका इस्तेमाल आइंस्टाइन ने गुरुत्वाकर्षण का अपना नया सिद्धांत गढ़ने के लिए किया था।

तो अब मान लीजिए कि रॉकेट यान उत्तरोत्तर गतिशील है। (हम कल्पना करेंगे कि वह धीमी रफ़्तार से गतिशील है, इसलिए हम प्रकाश की गति पर नहीं पहुँचते!) चूँकि रॉकेट यान ऊपर की ओर जा रहा है, इसलिए पहले संकेत को पहले की तुलना में कम दूरी पार करनी होगी और इसलिए वह एक सेकंड बाद की तुलना में जल्दी पहुँच जाएगा। अगर रॉकेट यान निरंतर एक-जैसी रफ़्तार से बढ़ रहा होता, तो दूसरा संकेत ठीक उतनी ही जल्दी पहुँच जाता, इसलिए दो संकेतों के बीच का समय एक सेकंड बना रहता, लेकिन गति में वृद्धि की वजह से, रॉकेट यान दूसरा संकेत भेजे जाने के समय उससे और भी तेज़ चल रहा होगा, जितना वह तब चल रहा था, जब पहला संकेत भेजा गया था, इसलिए दूसरे संकेत को अपना सफ़र तय करने में और भी कम समय लगेगा और इसलिए वह और भी कम समय में पहुँच जाएगा। इसलिए फ़र्श पर मौजूद पर्यवेक्षक संकेतों के बीच एक सेकंड से कम समय मापेगा, और ऐसा करते हुए वह सीलिंग पर मौजूद पर्यवेक्षक से असहमत होगा, जिसका दावा होगा कि उसने वे संकेत एक सेकंड के अंतर से भेजे थे।

यह शायद उत्तरोत्तर गतिशील रॉकेट यान के मामले में उतनी चौंकाने वाली बात नहीं है - आख़िरकार, हमने उसे अभी-अभी स्पष्ट किया ही है! लेकिन याद रखें, तुल्यरूपता का सिद्धांत कहता है कि यही चीज़ गुरुत्वाकर्षी क्षेत्र में स्थिर रॉकेट यान पर भी लागू होती है। इसका मतलब है कि भले ही रॉकेट यान उत्तरोत्तर गतिशील नहीं है, बल्कि मान लीजिए, पृथ्वी की सतह पर अपने प्रक्षेपण-स्थल (लॉन्चिंग पैड) पर स्थिर है, तब अगर सीलिंग पर मौजूद पर्यवेक्षक (अपनी घड़ी के मुताबिक़) एक-एक सेकंड के अंतराल से फ़र्श की ओर संकेत भेजता है, तो फ़र्श पर मौजूद पर्यवेक्षक (अपनी घड़ी के मुताबिक़) कम अंतराल से उन संकेतों को ग्रहण करेगा। यह आश्चर्यजनक है!

आप अभी भी पूछ सकते हैं कि क्या इसका मतलब यह है कि गुरुत्वाकर्षण समय को बदल देता है, या वह महज़ घड़ियों को तबाह कर देता है। मान लीजिए कि फ़र्श का पर्यवेक्षक सीलिंग पर चढ़ जाता है, जहाँ वह और उसका साथी अपनी घड़ियों का मिलान करते हैं। वे एक-जैसी घड़ियाँ हैं, और जैसी कि उम्मीद की जाती है, दोनों पर्यवेक्षक पाएँगे कि वे दोनों एक सेकंड की लंबाई पर सहमत हैं। फ़र्श के पर्यवेक्षक की घड़ी में कोई गड़बड़ी नहीं है : वह समय के स्थानीय प्रवाह को मापती है, वह जहाँ कहीं भी संयोग से होता है। इसलिए, जिस तरह विशेष सापेक्षता हमें बताती है कि समय सापेक्षिक गति में स्थित पर्यवेक्षकों के लिए भिन्न ढंग से बीतता है, उसी तरह सामान्य सापेक्षता हमें बताती है कि गुरुत्वाकर्षी क्षेत्र में विभिन्न ऊँचाइयों पर स्थित पर्यवेक्षकों के लिए समय भिन्न ढंग से बीतता है। सामान्य सापेक्षता के अनुसार, फ़र्श के पर्यवेक्षक ने संकेतों के बीच एक सेकंड से

कम समय इसलिए पाया था, क्योंकि समय पृथ्वी की सतह के क़रीब ज़्यादा धीमी गति से प्रवाहित होता है। न्यूटन का गति का नियम स्पेस में किसी निरपेक्ष स्थिति के विचार को समाप्त कर देता है। हमने अब देख लिया है कि किस तरह सापेक्षता का सिद्धांत निरपेक्ष समय की धारणा से मुक्ति पा लेता है।

इस पूर्वानुमान का परीक्षण 1962 में किया गया था, जिसके लिए ऊँचाई पर स्थित पानी की टंकी के सबसे ऊपर और सबसे निचले सिरों पर स्थापित एकदम सही घड़ियों का इस्तेमाल किया गया था। नीचे वाली घड़ी जो कि पृथ्वी के क़रीब थी, सामान्य सापेक्षता के एकदम अनुरूप, धीमी गति से चलती पाई गई थी। प्रभाव छोटा है – सूर्य की सतह पर स्थित घड़ी, पृथ्वी की सतह पर स्थित घड़ी की तुलना में, वर्ष में मात्र लगभग एक मिनट आगे होगी, लेकिन उपग्रहों से प्राप्त होने वाले संकेतों पर आधारित अचूक परिवहन-प्रणाली (नेविगेशन सिस्टम) के आविष्कार के साथ, पृथ्वी के ऊपर की विभिन्न ऊँचाइयों पर घड़ियों की गति का फ़र्क़ अब काफ़ी व्यावहारिक महत्त्व रखता है। अगर आप सामान्य सापेक्षता की भविष्यवाणियों की उपेक्षा करेंगे, तो आपके द्वारा स्थिति का जो हिसाब लगाया गया होगा, उसमें मीलों की ग़लती पाई जाएगी।

समय के प्रवाह के इन बदलावों से हमारी जैविक घड़ियाँ भी प्रभावित होती हैं। एक जुड़वाँ (ट्विन) जोड़े को लें। मान लीजिए कि एक जुड़वाँ पहाड़ी के शिखर पर रहने चला जाता है और दूसरा समुद्र की सतह पर ही बना रहता है। इस स्थिति में पहले की उम्र दूसरे के मुक़ाबले ज़्यादा तेज़ी-से बढ़ेगी। इस तरह, अगर वे फिर मिलते हैं, तो पहला दूसरे की तुलना में ज़्यादा उम्र का होगा। इस स्थिति में उम्र का फ़र्क़ बहुत कम होगा, लेकिन उस सूरत में वह बहुत ज़्यादा हो जाएगा अगर उनमें से एक जुड़वाँ अंतरिक्ष यान की लंबी यात्रा पर निकल जाए, जिसमें वह लगभग प्रकाश की गति से चल रहा होगा। जब वह लौटेगा, तो वह उसकी तुलना में काफ़ी कम उम्र का होगा, जो पृथ्वी पर ही बना रहा होगा। इसे 'ट्विन पैराडॉक्स' के नाम से जाना जाता है, लेकिन यह विरोधाभास (पैराडॉक्स) तभी होगा, जब आपके दिमाग़ में निरपेक्ष समय की धारणा बनी होगी। सापेक्षता के सिद्धांत में कोई अनूठा निरपेक्ष समय नहीं है; इसकी बजाय, हर व्यक्ति का समय का अपना निजी माप होता है, जो इस पर निर्भर करता है कि वह कहाँ है और किस तरह गतिशील है।

1915 के पहले अंतरिक्ष-समय को निश्चित रणस्थल के रूप में देखा जाता था, जहाँ घटनाएँ घटित होती थीं, लेकिन वह वहाँ होने वाली घटनाओं से अप्रभावित बना रहता था। यह बात विशेष सापेक्षता के सिद्धांत तक के संदर्भ में सही थी। पिंड गतिशील होते थे, बल आकर्षित और विकर्षित करते थे, लेकिन अंतरिक्ष-समय अप्रभावित बने रहते थे। यह सोचना स्वाभाविक था कि अंतरिक्ष

और समय हमेशा जारी रहते हैं, लेकिन सामान्य सापेक्षता के सिद्धांत के संदर्भ में स्थिति बहुत भिन्न है। अंतरिक्ष और समय अब गत्यात्मक मात्राएँ हैं : जब कोई पिंड गतिशील होता है या कोई बल क्रिया करता है, तो वह अंतरिक्ष-समय के वक्र को प्रभावित करता है - और बदले में अंतरिक्ष-समय की संरचना उस ढंग को प्रभावित करती है, जिस ढंग से पिंड गतिशील होते हैं या बल क्रिया करते हैं। अंतरिक्ष और समय ब्रह्मांड में होने वाली प्रत्येक घटना को न सिर्फ़ प्रभावित करते हैं, बल्कि वे उससे प्रभावित भी होते हैं। जिस तरह हम अंतरिक्ष और समय की धारणाओं के बिना ब्रह्मांड की घटनाओं के बारे में बात नहीं कर सकते, उसी तरह सामान्य सापेक्षता के संदर्भ में ब्रह्मांड की सीमाओं के बाहर अंतरिक्ष और समय के बारे में बात करना अर्थहीन हो जाता है। 1915 के बाद के दशकों में, अंतरिक्ष और समय को लेकर इस नई समझ ने ब्रह्मांड के बारे में हमारे दृष्टिकोण में क्रांतिकारी परिवर्तन ला दिया था। जैसा कि हम देखेंगे, मूलतः अपरिवर्तनशील ब्रह्मांड जो हमेशा से रहा हो सकता है और जो हमेशा बना रह सकता है आदि की पुरानी धारणा की जगह एक ऐसे गतिशील और निरंतर विस्तार लेते ब्रह्मांड ने ले ली थी, जो एक निश्चित समय पहले आरंभ हुआ लगता है और जो भविष्य में एक निश्चित समय पर समाप्त हो सकता है।

7

फैलता हुआ ब्रह्मांड

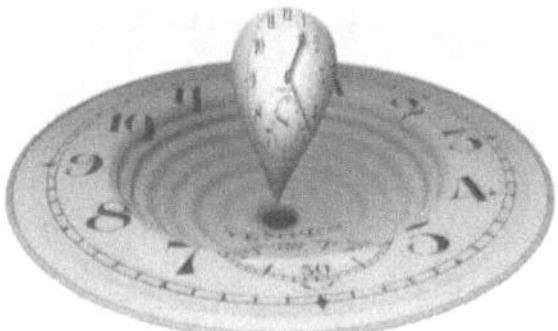

अगर आप किसी साफ़, अमावस्या की रात में आसमान को देखते हैं, तो जो सबसे ज़्यादा चमकीली चीज़ें आपको दिखाई देती हैं, वे संभवत: शुक्र, मंगल, ब्रहस्पति और शनि हैं। वहाँ बहुत बड़ी संख्या में नक्षत्र भी होंगे, जो हमारे सूर्य की तरह हैं, लेकिन वे हमसे बहुत दूर हैं। पृथ्वी द्वारा सूर्य की परिक्रमा के साथ-साथ इनमें से कुछ स्थिर नक्षत्र एक-दूसरे के संदर्भ में बहुत हल्के-से अपनी स्थिति बदलते लगते हैं। वे वास्तव में बिलकुल भी स्थिर नहीं हैं! ऐसा इसलिए है, क्योंकि तुलनात्मक रूप से हमारे ज़्यादा क़रीब हैं। जब पृथ्वी सूर्य का चक्कर लगाती है, तो अपेक्षाकृत पास के ये नक्षत्र अधिक दूर के नक्षत्रों की पृष्ठभूमि में विभिन्न जगहों पर दिखाई देते हैं। यह परिणाम वैसा ही है, जैसा आपको तब दिखाई देता है, जब आप ख़ुली सड़क पर अपनी कार दौड़ा रहे होते हैं, तब आपको पास के वृक्षों की सापेक्षिक स्थिति क्षितिज की चीज़ों की पृष्ठभूमि में बदलती हुई प्रतीत होती है। वृक्ष जितने ही क़रीब होते हैं, वे उतनी ही तेज़ी-से भागते प्रतीत होते हैं। सापेक्षिक स्थिति के इस परिवर्तन को पैरलैक्स के नाम से जाना जाता है। नक्षत्रों के मामले में, यह सौभाग्य की स्थिति है, क्योंकि इससे हम स्वयं से इन नक्षत्रों की दूरी को सीधे-सीधे माप सकते हैं।

जैसा कि हमने पहले अध्याय में उल्लेख किया था, हमारे सबसे क़रीब का नक्षत्र, प्रॉक्सिमा सेंटॉरी, लगभग चार प्रकाश-वर्ष या तेइस मिलियन मिलियन मील दूर है। नंगी आँखों से दिखाई देने वाले ज़्यादातर दूसरे नक्षत्र हमसे कुछ सौ प्रकाश-वर्ष की दूरी पर हैं। हमारा सूर्य, तुलना की दृष्टि से, मात्र आठ प्रकाश मिनट दूर है! दिखाई देने वाले नक्षत्र रात के संपूर्ण आकाश में फैले दिखाई देते हैं, लेकिन वे एक ही समूह में केंद्रित हैं, जिसे हम आकाशगंगा (मिल्की वे) के नाम से जानते हैं। लगभग 1750 से ही कुछ खगोलविज्ञानी यह कहने की कोशिश करते रहे थे कि

ज़्यादातर दृश्यमान नक्षत्रों की एक तश्तरीनुमा विन्यास में मौजूदगी से ही आकाशगंगा के प्रकटन को समझा जा सकता था, जिसका एक उदाहरण वह है, जिसे हम अब कुंडलाकार आकाशगंगा (स्पाइरल गैलेक्सी) के नाम से जानते हैं। कुछ दशक बाद ही खगोल वैज्ञानिक सर विलियम हर्शेल ने कठोर परिश्रम करते हुए विशाल पैमाने पर नक्षत्रों की स्थिति और दूरी का कैटलॉग तैयार कर इस धारणा की पुष्टि कर दी थी। तब भी, इस धारणा को बीसवीं सदी के आरंभिक वर्षों में जाकर ही पूरी तरह स्वीकृति मिल सकी। अब हम जानते हैं कि आकाशगंगा – हमारे नक्षत्र-पुंज – की लंबाई लगभग एक सौ हज़ार प्रकाश-वर्ष है और वह धीमी गति से घूम रही है; इसकी कुंडलाकार भुजा के नक्षत्र, कई हज़ार लाख वर्षों में एक बार उसके केंद्र की परिक्रमा पूरी करते हैं। हमारा सूर्य उसकी एक कुंडलाकार भुजा की अंदरूनी कगार के क़रीब स्थित महज़ औसत आकार का पीला नक्षत्र है। हम अरस्तू और टॉलमी के उस ज़माने से निश्चय ही बहुत दूर आ चुके हैं, जब हम सोचा करते थे कि पृथ्वी ब्रह्मांड के केंद्र में है!

ब्रह्मांड की हमारी आधुनिक तसवीर मात्र 1924 से अस्तित्व में है, जब अमेरिकी खगोलविज्ञानी एड्विन हबल ने यह दर्शाया था कि आकाशगंगा एकमात्र नक्षत्र-पुंज नहीं है। वस्तुत:, उन्हें बहुत-से दूसरे नक्षत्र-पुंज मिले थे, जिनके बीच ख़ाली स्पेस के विशालकाय इलाक़े फैले थे। इसे साबित करने के लिए, हबल को पृथ्वी से दूसरे नक्षत्र-पुंजों की दूरी का निर्धारण करना ज़रूरी था, लेकिन ये नक्षत्र-पुंज इतने ज़्यादा दूर थे कि पास के नक्षत्रों से भिन्न उनकी स्थिति स्थिर प्रतीत होती थी। चूँकि हबल इन नक्षत्र-पुंजों पर पैरलैक्स का इस्तेमाल नहीं कर सकते थे, इसलिए उन्हें मज़बूर होकर इन दूरियों की पैमाइश के लिए परोक्ष पद्धतियाँ अपनानी पड़ीं। नक्षत्र की दूरी का एक ज़ाहिर-सा पैमाना उसकी चमक होती है, लेकिन किसी नक्षत्र की ऊपरी तौर पर दिखाई देने वाली चमक सिर्फ़ उसकी दूरी पर निर्भर नहीं करती, बल्कि इस बात पर भी निर्भर करती है कि वह कितना प्रकाश विकीर्ण करता है (उसकी दीप्ति कितनी है)। एक कम चमकीला नक्षत्र, क़रीब होने की स्थिति में, किसी भी सुदूर नक्षत्र-पुंज के सबसे ज़्यादा चमकीले नक्षत्र के मुक़ाबले ज़्यादा चमकीला दिखाई देगा। इसलिए ऊपरी चमक को उसकी दूरी के पैमाने की तरह मानने के लिए, हमें उस नक्षत्र की दीप्ति को जानना ज़रूरी है।

पास के नक्षत्रों की दीप्ति का आकलन उनकी ऊपरी चमक के आधार पर किया जा सकता है, क्योंकि उनके पैरलैक्स से हम उनकी दूरी जान सकते हैं। हबल ने ग़ौर किया कि पास के इन नक्षत्रों को उनसे विकीर्ण प्रकाश के प्रकार के आधार पर ख़ास क़िस्म के तारों के रूप में वर्गीकृत किया जा सकता था। एक क़िस्म के नक्षत्रों की दीप्ति हमेशा एक-जैसी होगी, फिर उन्होंने तर्क दिया कि अगर हमें इस

क़िस्म के नक्षत्र दूर स्थित नक्षत्र-पुंजों में मिलते हैं, तो हम यह कल्पना कर सकते हैं कि उनकी दीप्ति पास के उन्हीं जैसे नक्षत्रों जितनी होगी। इस जानकारी के साथ, हम उस नक्षत्र-पुंज की दूरी माप सकते हैं। अगर हम एक ही नक्षत्र-पुंज के अनेक नक्षत्रों के साथ यह कर सकें, और हमारे आकलन से वही दूरी निकले, तो हम अपने आकलन को लेकर पर्याप्त आश्वस्त हो सकते हैं। इस तरह, हबल ने नौ विभिन्न नक्षत्र-पुंजों की दूरी का पता लगाया था।

आज हम जानते हैं कि हमारी नंगी आँखों को दिखाई देने वाले नक्षत्र तमाम नक्षत्रों का एक छोटा-सा अंश हैं। हम लगभग पाँच हज़ार नक्षत्रों को देख सकते हैं, जो महज़ हमारे अपने नक्षत्र-पुंज, आकाशगंगा, के सारे नक्षत्रों का .0001 प्रतिशत है। आकाशगंगा स्वयं उन एक हज़ार अरब नक्षत्रपुंजों में से महज़ एक नक्षत्र-पुंज है, जिन्हें आधुनिक दूरबीनों की मार्फ़त देखा जा सकता है – और ऐसे प्रत्येक नक्षत्र-पुंज में औसतन एक सौ अरब नक्षत्र शामिल हैं। अगर नक्षत्र नमक का एक दाना हो, तो आप नंगी आँखों से दिखाई देने वाले सारे नक्षत्रों को चाय की एक चम्मच में भर सकते हैं, लेकिन ब्रह्मांड के सारे नक्षत्र आठ मील से ज़्यादा चौड़ी गेंद को भर देंगे।

नक्षत्र इतनी दूर हैं कि वे हमें प्रकाश की नोक के बराबर दिखाई देते हैं। हम उनके आकार और रूप को नहीं देख सकते, लेकिन जैसा कि हबल ने ग़ौर किया था, नक्षत्र कई प्रकार के हैं, और हम उनकी रोशनी के रंग से उनमें भेद कर सकते हैं। न्यूटन ने यह खोज की थी कि अगर सूर्य का प्रकाश प्रिज़्म नामक तिकोने काँच से होकर गुज़रता है, तो वह इंद्रधनुष की भाँति उन रंगों में विभाजित हो जाता है, जिनसे वह निर्मित होता है। किसी प्रकाश के स्रोत से विकीर्ण होने वाले विभिन्न रंगों की सापेक्षिक सघनता को उसका स्पेक्ट्रम कहा जाता है। किसी एक नक्षत्र या नक्षत्र-समूह पर दूरबीन को फ़ोकस कर आप उस नक्षत्र या नक्षत्र-पुंज के प्रकाश के स्पेक्ट्रम को देख सकते हैं।

यह प्रकाश हमें तापमान के बारे में भी बताता है। 1860 में जर्मन भौतिक विज्ञानी गुस्ताव किर्शोफ़ को यह बात समझ में आई कि कोई भी पदार्थ-निर्मित पिंड, जैसे कि नक्षत्र, गर्म होने पर प्रकाश या दूसरे विकिरण छोड़ता है, जैसे कि जब कोयला तप रहा होता है, तो वह चमकने लगता है। इस क़िस्म की चमकीली वस्तुएँ जो प्रकाश छोड़ती हैं, वह उनके भीतर निहित अणुओं (एटॅम्स) की उष्ण गति की वजह से पैदा होता है। इसे ब्लैकबॉडी रेडिएशन कहा जाता है (इसके बावजूद कि वे चमकती हुई वस्तुएँ काली नहीं होतीं)। ब्लैकबॉडी रेडिएशन को ग़लत समझना मुश्किल है : उसका एक विशिष्ट रूप होता है, जो पिंड के तापमान के साथ परिवर्तित होता रहता है। इसलिए किसी चमकीली वस्तु से विकीर्ण होता प्रकाश थर्मामीटर की रीडिंग जैसा होता है। विभिन्न नक्षत्रों का जो स्पेक्ट्रम हम

देखते हैं, उसका रूप ठीक यह होता है : वह उस नक्षत्र की उष्म अवस्था का पोस्टकार्ड है।

अगर हम और भी सूक्ष्मता-से देखें, तो नक्षत्रों का प्रकाश हमसे और भी कुछ कहता है। हम पाते हैं कि कुछ ख़ास बहुत विशिष्ट रंग उनमें नदारद होते हैं, और ये नदारद रंग अलग-अलग नक्षत्रों में अलग-अलग हो सकते हैं। चूँकि हम जानते हैं कि हर रासायनिक तत्त्व कुछ अत्यंत ख़ास रंगों को सोख लेता है, इसलिए हम इनका मिलान नक्षत्र के स्पेक्ट्रम से नदारद रंगों के साथ करते हुए ठीक-ठीक इस बात का निर्धारण कर सकते हैं कि उस नक्षत्र के वातावरण में कौन-से तत्त्व मौजूद हैं।

1920 में जब खगोल विज्ञानियों ने दूसरे नक्षत्र-पुंजों के नक्षत्रों के स्पेक्ट्रमों को देखना आरंभ किया, तो उन्हें अत्यंत अनूठे क़िस्म की कोई चीज़ दिखाई दी : उनमें नदारद रंगों का बिलकुल वैसा ही विशिष्ट पैटर्न था, जैसा वह हमारी आकाशगंगा में है, लेकिन वे सब समान सापेक्षिक मात्रा में स्पेक्ट्रम के लाल सिरे की ओर खिसके हुए थे।

भौतिक विज्ञानियों के बीच रंगों या आवृत्ति (फ़्रीक्वेंसी) का यह खिसकना डॉपलर इफ़ैक्ट के नाम से जाना जाता है। ध्वनि के क्षेत्र में इस चीज़ से हम सब परिचित हैं। सड़क से गुज़रती कार की आवाज़ सुनिए : जैसे ही वह क़रीब से गुज़रती है, उसके इंजन की - या उसके हॉर्न की - आवाज़ तेज़ सुनाई पड़ती है, और जब वह गुज़र चुकी होती है और आगे जा रही होती है, तो उसकी आवाज़ धीमी सुनाई पड़ने लगती है। उसके इंजन या हॉर्न की आवाज़ एक तरंग होती है, उसका चढ़ाव और उतार। जब कोई कार हमारी ओर दौड़ रही होगी, वह उत्तरोत्तर हमारे क़रीब आती जाएगी और वह उत्तरोत्तर एक-के-बाद-एक प्रत्येक तरंग के चढ़ाव को विकीर्ण करेगी, इसलिए तरंग के चढ़ावों के बीच की दूरी - ध्वनि की वेवलैंथ (तरंग की लंबाई) - उससे कम होगी जितनी वह कार के खड़े होने पर होगी। वेवलैंथ जितनी ही कम होगी, उतना ही हर सेकंड में ये चढ़ाव-उतार हमारे कानों तक पहुँचेंगे, और उतनी ही ज़्यादा ध्वनि की ऊँचाई या आवृत्ति होगी। तदनुरूप, अगर कार हमसे दूर जा रही होगी, तो वेवलैंथ अपेक्षाकृत ज़्यादा होगी और तरंगें हमारे कानों तक कमतर आवृत्ति के साथ पहुँचेंगी। कार जितनी ही तेज़ी-से भाग रही होगी, यह प्रभाव उतना ही ज़्यादा होगा, इसलिए हम रफ़्तार को मापने के लिए इस डॉपलर इफ़ैक्ट का इस्तेमाल कर सकते हैं। प्रकाश और रेडियो तरंगों का आचरण भी ऐसा ही होता है। दरअसल, पुलिस कारों की रफ़्तार का पता लगाने के लिए उनसे परावर्तित होने वाली रेडियो तरंगों के स्पंदनों की वेवलैंथ को मापते हुए इसी डॉपलर इफ़ैक्ट का इस्तेमाल करती है।

जैसा कि हमने अध्याय 5 में देखा था कि दिखाई देने वाले प्रकाश की वेवलैंथ बेहद कम (एक सेंटीमीटर के चार करोड़वें से लेकर आठ करोड़वें हिस्से तक के दायरे में) होती है। प्रकाश की इन्हीं विभिन्न वेवलैंग्थ्स को इंसानी निगाहें विभिन्न रंगों के रूप में देखती हैं, जिसमें सबसे लंबी वेवलैंथ स्पेक्ट्रम के सिरे के लाल रंग में प्रकट होती है और सबसे छोटी वेवलैंथ उसके नीले सिरे में प्रकट होती है। अब ज़रा हमसे सर्वदा एक-सी दूरी पर स्थित प्रकाश के स्रोत, जैसे कि नक्षत्र की कल्पना करें, जो एक-सी वेवलैंथ से प्रकाश की तरंगों को विकीर्ण कर रहा है। ऐसे में हमारे द्वारा ग्रहण की जा रही तरंगों की वेवलैंथ बिलकुल उतनी ही होगी, जितनी कि उनके विकिरण की वेवलैंथ होगी, फिर मान लीजिए कि वह स्रोत हमसे दूर जाने लगता है। जैसा कि ध्वनि के मामले में होता है, तो इसका मतलब है कि प्रकाश ने अपनी वेवलैंथ को लंबा कर लिया होगा, और इसलिए उसका स्पेक्ट्रम, स्पेक्ट्रम के लाल सिरे की ओर खिसक गया होगा।

दूसरे नक्षत्र-पुंजों के अस्तित्व को प्रमाणित कर चुकने के बाद के वर्षों में हबल ने अपना समय उनकी दूरियों का कैटलॉग तैयार करते हुए तथा उनके स्पेक्ट्रमों का पर्यवेक्षण करते हुए बिताया था। उस समय ज़्यादातर लोग यही उम्मीद करते थे कि ये नक्षत्र-पुंज नितांत बेतरतीब ढंग से यहाँ-वहाँ भटकते रहते हैं, और इसलिए हबल को लाल की ओर खिसके हुए स्पेक्ट्रमों जितने ही नीले की ओर खिसके हुए स्पेक्ट्रमों के मिलने की उम्मीद थी। इसलिए यह बहुत आश्चर्य की बात थी, जब उन्होंने पाया कि ज़्यादातर नक्षत्र-पुंज लाल की ओर खिसके हुए थे : लगभग वे सारे-के-सारे हमसे दूर जा रहे थे! इससे भी ज़्यादा आश्चर्य की बात वह खोज थी, जिसे हबल ने 1929 में प्रकाशित कराया : नक्षत्र-पुंज के लाल खिसकाव का आकार ही बेतरतीब नहीं है, बल्कि वह उस नक्षत्र-पुंज के साथ हमारी दूरी के सीधे अनुपात में है। दूसरे शब्दों में, कोई भी नक्षत्र-पुंज जितना दूर है, उतनी ही तेज़ी के साथ वह दूर जा रहा है! और उसका मतलब था कि ब्रह्मांड न तो स्थिर हो सकता था और न ही अपने आकार में अपरिवर्तनशील हो सकता था, जैसा कि पहले हर कोई सोचता था। वह वस्तुतः विस्तृत होता जा रहा है; विभिन्न नक्षत्र-पुंजों के बीच की दूरी निरंतर बढ़ रही है।

ब्रह्मांड के विस्तृत होते चले जाने की यह खोज बीसवीं सदी की महान बौद्धिक क्रांति थी। पश्चात दृष्टि से देखने पर इस बात को समझना आसान है कि यह बात पहले किसी के दिमाग़ में क्यों नहीं आई थी। न्यूटन और अन्य लोगों को यह अहसास होना चाहिए था कि अगर ब्रह्मांड स्थिर हुआ, तो वह असंतुलित होगा, क्योंकि ऐसा कोई तुल्यरूप विकर्षक बल नहीं है, जो उस गुरुत्वाकर्षी आकर्षण को संतुलित कर सके, जो सारे नक्षत्र और नक्षत्र-पुंज एक-दूसरे पर प्रयोग में लाते

हैं। इसलिए, अगर ब्रह्मांड कभी स्थिर रहा भी होगा, तो वह स्थिर बना नहीं रहा होगा, क्योंकि तब सारे नक्षत्रों और नक्षत्र-पुंजों के पारस्परिक गुरुत्वाकर्षण ने उसे जल्दी ही सिकोड़ना शुरू कर दिया होता। वस्तुतः अगर ब्रह्मांड बहुत धीमी गति से भी विस्तार ले रहा होता, तो गुरुत्वाकर्षण के बल ने अंततः उसके विस्तार लेने की प्रक्रिया को रोक दिया होता, और वह सिकुड़ने लगता, लेकिन अगर ब्रह्मांड एक निश्चित नाज़ुक रफ़्तार से ज़्यादा तेज़ी के साथ फैल रहा होता, तो गुरुत्वाकर्षण इतना प्रबल कभी नहीं था कि वह उसे फैलने से रोक सकता, और वह हमेशा के लिए निरंतर फैलता जाता। यह कुछ-कुछ वैसा ही है, जैसा तब होता है, जब आप किसी रॉकेट को पृथ्वी की सतह से ऊपर की ओर भेजते हैं। अगर रॉकेट पर्याप्त धीमी रफ़्तार से उड़ रहा होगा, तो गुरुत्वाकर्षण अंततः उसे रोक देगा, और रॉकेट गिरने लगेगा। दूसरी ओर, अगर रॉकेट एक निश्चित निर्णायक रफ़्तार (लगभग सात मील प्रति सेकंड) से उड़ रहा होगा, तो गुरुत्वाकर्षण इतना प्रबल नहीं होगा कि वह उसे खींच सके, इसलिए वह हमेशा-हमेशा के लिए पृथ्वी से ऊपर जाता रहेगा।

ब्रह्मांड के इस आचरण का पूर्वानुमान न्यूटन के गुरुत्वाकर्षण के सिद्धांत के आधार पर उन्नीसवीं, अठारहवीं, या परवर्ती सत्रहवीं सदी तक किया जा सकता था, लेकिन स्थिर ब्रह्मांड में विश्वास इतना ज़बरदस्त था कि वह बीसवीं सदी के आरंभिक दौर तक बना रहा था। यहाँ तक कि जब 1915 में आइंस्टाइन अपने सापेक्षता के सामान्य सिद्धांत को गढ़ रहे थे, तब उन्हें भी ब्रह्मांड के स्थिर होने को लेकर इतना यक़ीन था कि उन्होंने इसे साबित करने के लिए अपने समीकरणों में एक फ़ज फ़ैक्टर शामिल करते हुए अपने सिद्धांत में संशोधन किया था। ब्रह्मांडीय स्थिरांक (कॉस्मॉलॉजिकल कॉन्स्टेंट) में एक नए 'प्रतिगुरुत्वाकर्षी' (एंटीग्रेविटी) बल का प्रभाव था, जो अन्य बलों से भिन्न, किसी ख़ास स्रोत से नहीं आता था, बल्कि वह अंतरिक्ष-समय के ढाँचे में ही रचा-बसा था। इस नए बल के परिणामस्वरूप, अंतरिक्ष-समय में विस्तृत होने की एक अंतर्निहित प्रवृत्ति थी। इस ब्रह्मांडीय स्थिरांक को समायोजित करते हुए, आइंस्टाइन इस प्रवृत्ति की क्षमता को समायोजित कर सके थे। उन्होंने पाया कि ब्रह्मांड के सारे पदार्थ के पारस्परिक आकर्षण को ठीक-ठीक संतुलित करने के लिए वे इसे समायोजित कर सकते थे, जिसके परिणामस्वरूप एक स्थिर ब्रह्मांड सामने आ जाएगा। बाद में उन्होंने इस फ़ज फ़ैक्टर को अपनी 'सबसे बड़ी चूक' कहते हुए ब्रह्मांडीय स्थिरांक को नकार दिया था। जैसा कि हम जल्दी ही देखेंगे, आज हमारे पास यह विश्वास करने की वजह है कि अंततः उसे शामिल करते हुए उन्होंने शायद ठीक ही किया था, लेकिन जिस चीज़ ने आइंस्टाइन को निश्चय ही निराश किया होगा, वह यह थी कि उन्होंने ब्रह्मांड की स्थिरता में अपने विश्वास को उस चीज़ को रद्द करने की छूट

दी थी, जिसे उनका सिद्धांत सिद्ध करता हुआ प्रतीत हो रहा था : यह कि ब्रह्मांड विस्तृत हो रहा है। ऐसा लगता है कि केवल एक आदमी सामान्य सापेक्षता के इस पूर्वानुमान को उसके प्रत्यक्ष मूल्य (फ़ेस वेल्यू) पर स्वीकार करने को तैयार था। जहाँ आइंस्टाइन और अन्य भौतिक विज्ञानी सामान्य सापेक्षता के अस्थिर ब्रह्मांड को टालने के रास्ते खोज रहे थे, वहीं रूसी भौतिक विज्ञानी और गणितज्ञ अलेक्ज़ेंडर फ्रीदमान उसे स्पष्ट करने में लगे थे।

फ्रीदमान ने ब्रह्मांड के बारे में दो बहुत सरल-सी कल्पनाएँ प्रस्तुत की थीं : हम जिस किसी भी दिशा में देखें, ब्रह्मांड समरूप दिखता है, और दूसरी यह कि यह बात तब भी सच होगी, जब हम ब्रह्मांड को किसी भी दूसरी जगह से देख रहे होंगे। फ्रीदमान ने अकेले इन दो विचारों के बल पर, सामान्य सापेक्षता के समीकरणों को हल करते हुए यह दर्शाया था कि हमें ब्रह्मांड के अचल होने की उम्मीद नहीं करनी चाहिए। वास्तव में, 1922 में एड्विन हबल की खोज के कई वर्ष पहले, फ्रीदमान ने ठीक-ठीक उस चीज़ का पूर्वानुमान कर लिया था, जिसे बाद में हबल ने पाया था!

यह कल्पना कि ब्रह्मांड हर दिशा से समरूप दीखता है, वास्तविकता में स्पष्ट तौर पर ठीक-ठीक सही नहीं है। उदाहरण के लिए, जैसा कि हमने ग़ौर किया है, हमारे नक्षत्र-पुंज के दूसरे नक्षत्र रात के आकाश में प्रकाश की एक विशिष्ट पट्टी तैयार करते हैं, जिसे आकाशगंगा के नाम से जाना जाता है, लेकिन अगर हम दूरस्थ नक्षत्र-पुंजों को देखें, तो हर दिशा में उनकी कमोबेश एक जैसी संख्या प्रतीत होती है। इस तरह ब्रह्मांड हर दिशा से मोटे तौर पर समरूप दिखाई देता है, बशर्ते कि हम उसे नक्षत्र-पुंजों के बीच की दूरी के मुक़ाबले बड़े पैमाने पर देखें, और छोटे पैमाने के फ़र्क़ों की उपेक्षा कर दें। किसी ऐसे जंगल में खड़े होने की कल्पना करें, जहाँ पेड़ बेतरतीब ढंग से उगे हैं। अगर आप एक दिशा में देखते हैं, तो आपको सबसे क़रीब का पेड़ एक मीटर की दूरी पर दिखाई दे सकता है। दूसरी दिशा में देखने पर संभव है सबसे क़रीब का पेड़ तीन मीटर दूर हो। तीसरी दिशा में हो सकता है कि आपको दो मीटर की दूरी पर पेड़ों का कोई झुंड दिखाई दे। ऐसा नहीं लगता कि जंगल हर दिशा से एक-जैसा दिखाई देता है, लेकिन अगर आपको एक मील के दायरे के सारे पेड़ों को ध्यान में रखना होता, तब इस तरह के भेद औसत हो जाते और आप पाते कि जंगल हर दिशा से एक-जैसा दिखता है।

एक लंबे समय तक, नक्षत्रों का एक-समान फैलाव फ्रीदमान की कल्पना को सही ठहराने के लिए पर्याप्त था- वास्तविक ब्रह्मांड के मोटे तौर पर आकलन के रूप में, लेकिन अपेक्षाकृत हाल के वर्षों में एक ऐसा सुसंयोग घटित हुआ, जिसने एक ऐसा पक्ष उद्घाटित किया है, जिससे फ्रीदमान की कल्पना हमारे ब्रह्मांड का वस्तुतः उल्लेखनीय ढंग से सटीक निरूपण साबित होती है। 1965 में, न्यू जर्सी

की बेल टेलिफ़ोन लेबॉरेटरीज़ के दो अमेरिकी भौतिक विज्ञानियों आर्नो पेंज़िआस और रॉबर्ट विल्सन, एक अत्यंत संवेदनशील माइक्रोवेव डिटेक्टर का परीक्षण कर रहे थे। (याद करें कि माइक्रोवेव ठीक प्रकाश-तरंगों जैसी ही होती हैं, लेकिन उनकी वेवलैंथ लगभग एक सेंटीमीटर होती है।) पेंज़िआस और विल्सन को उस वक़्त चिंता हुई, जब उन्होंने पाया कि उनका डिटेक्टर ज़रूरत से ज़्यादा आवाज़ों को पकड़ रहा है। उन्हें अपने डिटेक्टर में परिंदे के उतरने की ध्वनि का पता चला और उन्होंने दूसरी संभावित ख़राबियों की जाँच की, लेकिन उन्होंने जल्दी ही इन्हें ख़ारिज कर दिया। वह आवाज़ इस अर्थ में अनूठी थी कि वह पूरे वर्ष दिन और रात एक-सी बनी रही थी, बावजूद इसके कि पृथ्वी अपनी धुरी पर घूम रही थी और सूर्य की परिक्रमा कर रही थी। चूँकि पृथ्वी का घूर्णन और परिक्रमण डिटेक्टर को स्पेस की विभिन्न दिशाओं में दर्शा रहे थे, पेंज़िआस और विल्सन इस निष्कर्ष पर पहुँचे कि वह आवाज़ सौरमंडल के परे और यहाँ तक कि आकाशगंगा के परे, कहीं से आ रही थी। आज हम जानते हैं कि हम चाहे किसी भी दिशा में देखें, यह आवाज़ अंशमात्र से ज़्यादा कभी नहीं बदलती, इसलिए पेंज़िआस और विल्सन ने अनजाने ही फ़्रीदमान की इस पहली कल्पना का एक चौंका देने वाला उदाहरण ढूँढ निकाला था कि ब्रह्मांड हर दिशा में एक जैसा है।

ब्रह्मांड की पृष्ठभूमि से आती इस आवाज़ का उद्‌गम क्या है? जिस वक़्त पेंज़िआस और विल्सन अपने डिटेक्टर में आवाज़ की पड़ताल कर रहे थे, लगभग उसी समय पास ही की प्रिंस्टन यूनिवर्सिटी में दो अमेरिकी भौतिक विज्ञानी बॉब डिकी और जिम पीबल्स भी माइक्रोवेव्स में दिलचस्पी ले रहे थे। वे जॉर्ज गैमोव (जो कभी अलेक्ज़ेंडर फ़्रीदमान के छात्र रहे थे) के इस संकेत पर काम कर रहे थे कि आरंभिक ब्रह्मांड बहुत गर्म और सघन रहा होगा और अत्यंत गर्म होकर दमक रहा होगा। डिकी और पीबल्स का तर्क था कि हमें ब्रह्मांड की वह आरंभिक दीप्ति अभी भी दिखनी चाहिए, क्योंकि बहुत दूर के हिस्सों का प्रकाश हम तक अभी-अभी पहुँच रहा होगा, लेकिन ब्रह्मांड के विस्तार का अर्थ था कि इस प्रकाश को इतना अधिक रेड-शिफ़्टेड होना चाहिए कि अब वह हमारे सामने दिखाई देने वाले प्रकाश की बजाय माइक्रोवेव विकिरण के रूप में ही प्रकट हो सकता है। डिकी और पीबल्स जब इस विकिरण को तलाशने की तैयारी कर रहे थे, तभी पेंज़िआस और विल्सन ने उनके काम के बारे में सुना और उन्हें अहसास हुआ कि वे पहले ही उसे खोज चुके थे। इसके लिए पेंज़िआस और विल्सन को 1978 का नोबेल पुरस्कार प्राप्त हुआ था (गैमोव की बात तो छोड़ ही दें, डिकी और पीबल्स के प्रति भी यह किंचित अन्याय प्रतीत होता है)।

पहली निगाह में, यह सारा सबूत कि हम किसी भी दिशा में क्यों न देखें, ब्रह्मांड एक-जैसा दिखाई देता है, इस बात का संकेत है कि ब्रह्मांड में हमारी जगह

में कुछ ऐसा है, जो विशिष्ट है। ख़ास तौर से, ऐसा लग सकता है कि अगर हम तमाम दूसरे नक्षत्र-पुंजों को हमसे दूर जाता देखते हैं, तो हमें ब्रह्मांड के केंद्र में होना चाहिए, लेकिन इसकी एक वैकल्पिक व्याख्या भी है : हो सकता है कि दूसरे नक्षत्र-पुंजों से देखने पर भी ब्रह्मांड हर दिशा में एक-जैसा दिखाई देता हो। यह, जैसा कि हमने देखा, फ्रीदमान की दूसरी कल्पना थी।

इस दूसरी कल्पना के पक्ष या विपक्ष में हमारे पास कोई वैज्ञानिक प्रमाण नहीं है। सदियों पहले चर्च ने इस कल्पना को विधर्म की तरह देखा होता, क्योंकि चर्च का धर्म मत कहता था कि हम ब्रह्मांड के केंद्र में एक विशेष स्थान रखते हैं, लेकिन आज हम लगभग विपरीत वजह से, एक तरह की विनम्रता के चलते, फ्रीदमान की कल्पना में विश्वास करते हैं : हम महसूस करते हैं कि यह अत्यंत असाधारण बात होती अगर ब्रह्मांड हमारे आस-पास हर दिशा में एक जैसा दिखाई देता, लेकिन ब्रह्मांड के दूसरे बिंदुओं के आस-पास नहीं!

फ्रीदमान के ब्रह्मांड के मॉडल में सारे नक्षत्र-पुंज प्रत्यक्षत: एक-दूसरे से दूर जा रहे हैं। यह कुछ-कुछ उस गुब्बारे जैसी स्थिति है, जिस पर बहुत सारे बिंदन्न अंकित हैं और जिसे निरंतर फुलाया जा रहा है। गुब्बारा फैलता है और दो बिंदुओं के बीच की दूरी बढ़ती जाती है, लेकिन ऐसा कोई बिंदु नहीं है, जिसे उस विस्तार का केंद्र कहा जा सके। इसके अतिरिक्त जैसे-जैसे गुब्बारे का घेरा निरंतर बढ़ता जाएगा, गुब्बारे पर अंकित बिंदुओं के बीच जितनी ज़्यादा दूरी होगी, उतनी ही तेज़ी-से वे एक-दूसरे से दूर होते जाएँगे। उदाहरण के लिए, मान लीजिए कि गुब्बारे का घेरा एक सेकंड में दो गुना हो जाता है। दो बिंदु, जो पहले एक-दूसरे से एक सेंटीमीटर दूर थे, वे अब (गुब्बारे की सतह पर की गई पैमाइश के मुताबिक़) दो सेंटीमीटर दूर हो जाएँगे, इसलिए उनकी सापेक्षिक गति एक सेंटीमीटर प्रति सेकंड होगी। दूसरी ओर, जो दो बिंदु एक-दूसरे से दस सेंटीमीटर की दूरी पर थे, वे अब बीस सेंटीमीटर की दूरी पर होंगे, इसलिए उनकी सापेक्षिक गति दस सेंटीमीटर प्रति सेकंड होगी। इसी तरह, फ्रीदमान के मॉडल में दो नक्षत्र-पुंज जिस गति से एक-दूसरे से दूर जा रहे हैं, वह गति उनके बीच की दूरी के अनुपात में है, इसलिए उन्होंने पूर्वानुमान किया कि एक नक्षत्र-पुंज का रेड शिफ़्ट उस नक्षत्र-पुंज की हमसे दूरी के अनुपात में होगा, ठीक उसी तरह जैसा हबल ने पाया था। फ्रीदमान के मॉडल की सफलता और हबल के पर्यवेक्षणों के उनके द्वारा किए गए पूर्वानुमानों के बावजूद, उनका काम पश्चिम में व्यापक तौर पर 1935 तक अज्ञात बना रहा, जब ब्रह्मांड के एक रूप विस्तार की हबल की खोज के जवाब में अमेरिकी भौतिक विज्ञानी हॉवर्ड रॉबर्ट्सन और ब्रिटेन के गणितज्ञ आर्थर वॉकर ने फ्रीदमान जैसे ही मॉडलों की खोज की।

फ्रीदमान ने ब्रह्मांड का सिर्फ़ एक मॉडल खोजा था, लेकिन अगर उनकी कल्पनाएँ सही हैं, तो आइंस्टाइन के समीकरणों के दरअसल, तीन संभावित समाधान, यानी फ्रीदमान के तीन अलग-अलग क़िस्म के मॉडल हो सकते हैं - और ब्रह्मांड के आचरण के तीन अलग-अलग ढंग हो सकते हैं।

पहले क़िस्म के समाधान (जो फ्रीदमान ने खोजा था) में ब्रह्मांड पर्याप्त धीमी गति से फैल रहा है। विभिन्न नक्षत्र-पुंजों के बीच का गुरुत्वाकर्षण फैलने की इस प्रक्रिया को धीमा करता है और अंततः रोक देता है। इसके बाद नक्षत्र-पुंज एक-दूसरे की ओर बढ़ने लगते हैं और ब्रह्मांड सिकुड़ने लगता है। दूसरे क़िस्म के समाधान में, ब्रह्मांड इतनी तेज़ी-से फैल रहा है कि गुरुत्वाकर्षण उसे कभी रोक ही नहीं सकता, हालाँकि वह उसे थोड़ा-सा धीमा कर सकता है। अंत में, एक तीसरा समाधान भी है, जिसमें ब्रह्मांड केवल इतनी पर्याप्त रफ़्तार से फैल रहा है कि वह ध्वस्त होने से बचा रहेगा। नक्षत्र-पुंज जिस गति से एक-दूसरे से दूर जा रहे हैं, वह उत्तरोत्तर कम होती जा रही है, लेकिन वह गति शून्य पर कभी नहीं पहुँचती।

फ्रीदमान के पहले क़िस्म के मॉडल की एक उल्लेखनीय विशेषता यह है कि ब्रह्मांड स्पेस में अनंत नहीं है, लेकिन स्पेस की भी कोई सीमा-रेखा नहीं है। गुरुत्वाकर्षण इतना प्रबल है कि स्पेस अपने में वक्राकार मुड़ा हुआ है। यह कुछ-कुछ पृथ्वी की सतह जैसा है, जो सीमित तो है, लेकिन जिसकी कोई सीमारेखा नहीं है। अगर आप पृथ्वी की सतह पर किसी एक दिशा में चलते चले जाएँ, तो आपको कभी ऐसा कोई अवरोध नहीं मिलेगा, जिसे पार न किया जा सकता हो, न ही आप उसकी कगार से नीचे गिर जाएँगे, और अंततः आप वहीं पहुँच जाएँगे, जहाँ से चले थे। इस मॉडल में स्पेस इसी तरह की है, लेकिन वह पृथ्वी की दोआयामी सतह जैसी होने की बजाय त्रिआयामी है। यह विचार कि आप विश्व का चक्कर लगाकर जहाँ से चले थे, वहीं वापस आ सकते हैं, एक अच्छी विज्ञान-कथा तो है, लेकिन इसका कोई ख़ास व्यावहारिक महत्त्व नहीं है, क्योंकि यह दर्शाया जा सकता है कि जब तक आप विश्व का चक्कर लगाएँगे, तब तक वह ध्वस्त होकर शून्य में बदल चुका होगा। वह इतना बड़ा है कि इसके पहले कि ब्रह्मांड का अंत हो, जहाँ से आप चले थे, वहाँ तक पहुँचने के लिए आपको प्रकाश से ज़्यादा गति से यात्रा करनी होगी - और यह संभव नहीं है। फ्रीदमान के दूसरे मॉडल में स्पेस वक्र भी है, हालाँकि भिन्न ढंग से। फ्रीदमान का सिर्फ़ तीसरा मॉडल ही उस ब्रह्मांड से मेल खाता है, जिसकी बड़े पैमाने की ज्यामिती सपाट है (हालाँकि स्पेस तब भी विशालकाय वस्तुओं के आस-पास वक्र या मुड़ा हुआ है)।

फ्रीदमान का कौन-सा मॉडल हमारे ब्रह्मांड का निरूपण करता है? क्या ब्रह्मांड अंततः फैलना बंद कर देगा और सिकुड़ने लगेगा, या यह हमेशा फैलता जाएगा?

पता चलता है कि इस प्रश्न का उत्तर उससे ज़्यादा पेचीदा है, जितना वैज्ञानिक पहले सोचा करते थे। सर्वाधिक बुनियादी विश्लेषण दो बातों पर निर्भर करता है : ब्रह्मांड के फैलने की मौजूदा रफ़्तार, और उसका वर्तमान औसत घनत्व (यानी, स्पेस के प्रदत्त परिमाण में पदार्थ की मात्रा)। फैलाव की वर्तमान रफ़्तार जितनी ज़्यादा होगी, उसे रोकने के लिए उतने ही ज़्यादा गुरुत्वाकर्षी बल की ज़रूरत होगी, और इस तरह उतना ही ज़्यादा पदार्थ का घनत्व ज़रूरी होगा। अगर औसत घनत्व एक निश्चित निर्णायक मान(क्रिटिकल वेल्यू) (फैलाव की रफ़्तार से निर्धारित मान) से ज़्यादा है, तो ब्रह्मांड का गुरुत्वाकर्षण उसके फैलाव को रोकने में सफल होगा और उसे ध्वस्त कर देगा, जो कि फ्रीदमान के पहले मॉडल से मेल खाती स्थिति है। अगर औसत घनत्व निर्णायक मान से कम है, तो फैलाव को रोकने के लिए पर्याप्त गुरुत्वाकर्षण नहीं है, और ब्रह्मांड हमेशा के लिए फैलता रहेगा, जो कि फ्रीदमान के दूसरे मॉडल से मेल खाती स्थिति है। और अगर ब्रह्मांड का औसत घनत्व ठीक-ठीक निर्णायक संख्या (क्रिटिकल नंबर) है, तब ब्रह्मांड हमेशा अपने फैलाव को धीमा करता जाएगा, और स्थिर आकार की ओर उत्तरोत्तर बढ़ता जाएगा, लेकिन कभी उस तक पहुँचेगा नहीं। यह स्थिति फ्रीदमान के तीसरे मॉडल से मेल खाती है।

तो वस्तुस्थिति क्या है? हम फैलाव की वर्तमान रफ़्तार का निर्धारण, डॉपलर इफैक़्ट का उपयोग करते हुए, उस गति को मापकर कर सकते हैं, जिस गति से दूसरे नक्षत्र-पुंज हमसे दूर जा रहे हैं। यह बहुत सटीक ढंग से किया जा सकता है, लेकिन नक्षत्र-पुंजों की दूरियाँ ठीक-से ज्ञात नहीं हैं, क्योंकि हम उन्हें परोक्षत: ही माप सकते हैं। इसलिए हम कुल मिलकर इतना ही जानते हैं कि ब्रह्मांड प्रति एक अरब वर्ष में 5 प्रतिशत और 10 प्रतिशत के बीच फैल रहा है। ब्रह्मांड के वर्तमान औसत घनत्व के बारे में हमारा अनिश्चय और भी अधिक है। तब भी, अगर हम अपने और अन्य नक्षत्र-पुंजों के जिन नक्षत्रों को देख पाते हैं, उन सारे नक्षत्रों के द्रव्यमान को आपस में जोड़ दें, तो जो योग आता है, वह ब्रह्मांड के फैलाव (यहाँ तक कि फैलाव की रफ़्तार के न्यूनतम आकलन के संदर्भ में भी) की प्रक्रिया को रोकने के लिए आवश्यक मात्रा का एक सौवें से भी कम हिस्सा है।

लेकिन कुल क़िस्सा इतना ही नहीं है। निश्चय ही हमारे नक्षत्र-पुंज और अन्य नक्षत्र-पुंजों में बड़ी तादाद में 'डार्क मैटर' मौजूद है, जिसे हम प्रत्यक्ष तौर पर नहीं देख सकते, लेकिन नक्षत्र-पुंजों के नक्षत्रों की कक्षा पर उसके गुरुत्वाकर्षण के प्रभाव की वजह से हम जानते हैं कि वह वहाँ है। संभवत: इसका सबसे अच्छा प्रमाण हमें हमारी आकाशगंगा जैसे कुंडलाकार नक्षत्र-पुंजों के सीमांत के नक्षत्रों से मिलता है। ये नक्षत्र अपने नक्षत्र-पुंजों की परिक्रमा जिस रफ़्तार से करते हैं, वह इतनी तेज़ होती है कि वे महज़ देखे गए नक्षत्र-पुंजीय नक्षत्रों के गुरुत्वाकर्षण की

वजह से कक्षा में नहीं बने रह सकते। इसके अतिरिक्त, ज़्यादातर नक्षत्र-पुंज गुच्छों में पाए जाते हैं, और हम इसी तरह नक्षत्र-पुंजों के बीच के इन गुच्छों में डार्क मैटर की उपस्थिति का अनुमान नक्षत्र-पुंजों की गति पर उसके प्रभाव के आधार पर कर सकते हैं। वस्तुत: ब्रह्मांड में डार्क मैटर की मात्रा सामान्य द्रव्य (मैटर) की तुलना में बहुत ज़्यादा है। जब हम इस सारे डार्क मैटर को आपस में जोड़ देते हैं, तब भी फैलाव को रोकने के लिए आवश्यक द्रव्य का 1/10 हिस्सा ही हमारे हाथ लगता है, लेकिन डार्क मैटर के दूसरे रूप भी हो सकते हैं, जो समूचे ब्रह्मांड में समान रूप से बँटा हो सकता है, जिसका पता हम अभी नहीं लगा सके हैं और जो ब्रह्मांड के औसत घनत्व को और भी बढ़ा सकता है। उदाहरण के लिए, 'न्यूट्रिनो' नामक एक प्राथमिक कण (एलिमेंट्री पार्टिकल) का अस्तित्व है, जो द्रव्य के साथ बहुत कमज़ोर ढंग से अंत:क्रिया करता है और जिसका पता लगा पाना बहुत मुश्किल है (हाल ही में एक न्यूट्रनो प्रयोग में पचास हज़ार टन पानी से भरे भूमिगत डिटेक्टर का उपयोग किया गया था)। न्यूट्रिनो के बारे में माना जाता था कि वह द्रव्यमान-रहित (मैसलेस) होता है, और इसलिए उसमें कोई गुरुत्वाकर्षण नहीं होता, लेकिन पिछले कुछ वर्षों के दौरान हुए प्रयोगों से संकेत मिलता है कि न्यूट्रिनो में बहुत मामूली-सा द्रव्यमान होता है, जिसे पहले पकड़ा नहीं जा सका था। अगर न्यूट्रिनोस में द्रव्यमान होता है, तो उनका रूप डार्क मैटर का हो सकता है। अगर न्यूट्रिनो डार्क मैटर को शामिल कर लिया जाए, तो भी ब्रह्मांड के फैलाव को रोकने के लिए जितना द्रव्यमान ज़रूरी है, उसे देखते हुए ब्रह्मांड में बहुत कम द्रव्यमान प्रतीत होता है, और इसलिए अभी हाल ही तक ज़्यादातर भौतिक विज्ञानी इस बात पर सहमत रहे होंगे कि फ्रीदमान का दूसरे क़िस्म का मॉडल ही लागू होता है।

तभी कुछ नए पर्यवेक्षण सामने आए। पिछले कुछ वर्षों के दौरान, अध्येताओं के कई दलों ने पेंज़िआस और विल्सन द्वारा खोजे गए पृष्ठ भूमिगत माइक्रोवेव विकिरण में सूक्ष्म तरंगों का अध्ययन किया है। इन तरंगों के आकार का इस्तेमाल ब्रह्मांड की बड़े पैमाने की ज्यामिती के संकेतक के रूप में किया जा सकता है, और वे यह संकेत देती प्रतीत होती हैं कि ब्रह्मांड अंतत: सपाट है (जैसा कि फ्रीदमान का तीसरा मॉडल कहता है)! चूँकि इसे स्पष्ट करने के लिए पर्याप्त द्रव्य या डार्क मैटर प्रतीत नहीं होता, इसलिए भौतिक विज्ञानियों ने एक अन्य, किन्तु अभी तक न खोजे जा सके सत्व - डार्क एनर्जी - के अस्तित्व की कल्पना कर ली है।

हालात को और भी पेचीदा बनाते हुए, हाल ही के कुछ दूसरे पर्यवेक्षण संकेत देते हैं कि ब्रह्मांड के फैलाव की रफ़्तार दरअसल, कम नहीं हो रही है, बल्कि और तेज़ हो रही है। फ्रीदमान का कोई भी मॉडल ऐसा नहीं कहता! और यह बहुत अजीब है, क्योंकि स्पेस में द्रव्य का प्रभाव, चाहे उस द्रव्य का घनत्व ज़्यादा हो

या कम, फैलाव को कम करने का ही हो सकता है। आख़िरकार, गुरुत्व आकर्षित ही तो करता है। ब्रह्मांडीय फैलाव की रफ़्तार का बढ़ना कुछ-कुछ ऐसा है कि कोई बम फटे और उसके बाद उसकी शक्ति बिखर जाने की बजाय और बढ़ जाए। वह कौन-सा बल है, जो ब्रह्मांड को दूर धकेल रहा हो सकता है? इस बारे में किसी को भी पक्के तौर पर नहीं मालूम है, लेकिन वह इस बात का साक्ष्य हो सकता है कि आइंस्टाइन ब्रह्मांडीय स्थिरांक (कॉस्मॉलॉजिकल कॉन्स्टेंट) की ज़रूरत को लेकर अंततः सही थे।

नई टेक्नोलॉजी के तेज़ी-से हो रहे विकास और उपग्रहों से जुड़ी विशाल नई दूरबीनों के चलते, हमें ब्रह्मांड के बारे में नई और विस्मयकारी चीज़ों की तेज़ी-से जानकारी हो रही है। बाद के समय में इसका व्यवहार कैसा होने वाला है, इसका हमें अच्छा अनुमान है : ब्रह्मांड उत्तरोत्तर बढ़ती रफ़्तार से फैलता जाएगा। समय हमेशा जारी रहेगा, कम-से-कम उन चौकन्ने लोगों के लिए जो किसी ब्लैक होल में गिरने से बचे रहे होंगे, लेकिन बहुत शुरुआती समयों के बारे में क्या कहा जाए? ब्रह्मांड की शुरुआत कैसे हुई थी, और वह क्या चीज़ है, जो उसे फैला रही है?

8

बिग बैंग, ब्लैक होल, और ब्रह्मांड का उद्‌भव

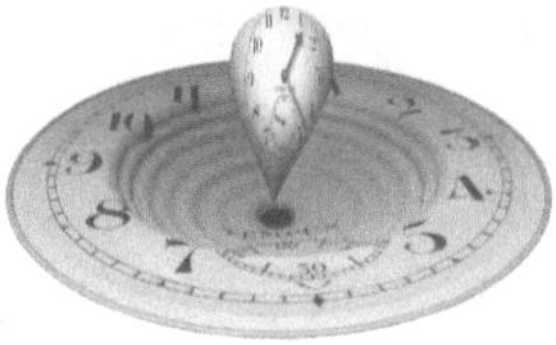

फ्रीदमान के पहले मॉडल में चौथा आयाम, समय - स्पेस की ही भाँति - अपने विस्तार में परिसीमित (फ़ाइनाइट) है। वह एक रेखा की तरह है, जिसके दो सिरे, या सरहदें हैं। इस तरह समय का एक अंत है, और उसका एक आरंभ भी है। वस्तुतः आइंस्टाइन के समीकरणों के सारे समाधानों में, जिनमें ब्रह्मांड में द्रव्य है, हम एक महत्त्वपूर्ण लक्षण पाते हैं : अतीत में कभी (लगभग 13.7 अरब वर्ष पहले) पड़ोसी नक्षत्र-पुंजों के बीच की दूरी शून्य रही होगी। दूसरे शब्दों में, समूचा ब्रह्मांड शून्य आकार के एक बिंदु के रूप में पिचका हुआ था, शून्य अर्द्ध व्यास (रेडियस) वाले गोलक की तरह। उस समय ब्रह्मांड का घनत्व और अंतरिक्ष-समय का घुमाव अनंत रहे होंगे। यह वह समय है, जिसे हम बिग बैंग के नाम से जानते हैं।

ब्रह्मांड के बारे में हमारे सारे सिद्धांत इस परिकल्पना पर सूत्रबद्ध हैं कि अंतरिक्ष-समय समतल है और लगभग सपाट है। इसका मतलब है कि हमारे सारे सिद्धांत बिग बैंग पर भंग हो जाते हैं : अनंत घुमाव वाले अंतरिक्ष-समय को लगभग सपाट बमुश्किल ही कहा जा सकता है! इस तरह, अगर बिग बैंग के पहले घटनाएँ थीं भी, तो हम उनका इस्तेमाल यह निर्धारित करने के लिए नहीं कर सकते कि उसके बाद क्या हुआ होगा, क्योंकि बिग बैंग के समय पूर्वानुमेयता (प्रिडिक्टबिलिटी) भंग हो गई होगी।

उसी प्रकार, अगर, जैसी कि स्थिति है, हमें केवल उन्हीं घटनाओं के बारे में जानकारी है, जो बिग बैंग के बाद घटित हुई हैं, तो हम यह निर्धारित नहीं कर सकते कि उसके पहले क्या हुआ था। जहाँ तक हमारा सवाल है, बिग बैंग के पहले की घटनाएँ महत्त्वपूर्ण नहीं हैं और इसलिए उन्हें ब्रह्मांड के वैज्ञानिक मॉडल का हिस्सा नहीं होना चाहिए। इसलिए हमें उन्हें इस मॉडल से अलग कर देना चाहिए और यह

कहना चाहिए कि बिग बैंग के साथ ही समय की शुरुआत हुई थी। इसका मतलब है इस तरह के सवाल कि बिग बैंग की परिस्थितियाँ किसने तैयार कीं, विज्ञान की दिलचस्पी के सवाल नहीं हैं।

अगर ब्रह्मांड का आकार शून्य है, तो जो एक अन्य अनंतता पैदा होती है, वह तापमान की है। स्वयं बिग बैंग में, ऐसा समझा जाता है कि ब्रह्मांड अनंत रूप से गर्म रहा होगा। जैसे ही ब्रह्मांड फैला, विकिरण का तापमान कम हो गया। चूँकि तापमान अणुओं की औसत ऊर्जा – या रफ़्तार – का पैमाना है, इसलिए ब्रह्मांड के ठंडे होने का उसमें निहित द्रव्य पर बहुत अधिक प्रभाव पड़ा होगा। बहुत उच्च तापमान पर, अणु इतनी तेज़ी-से घूम रहे होंगे कि वे एक-दूसरे के प्रति परमाणुविक या विद्युत-चुंबकीय बलों से उत्पन्न किसी भी तरह के आकर्षण से बच निकले होंगे, लेकिन जब वे ठंडे पड़ गए होंगे, तो हम उम्मीद करते हैं कि एक-दूसरे को आकर्षित करने वाले अणु एक-दूसरे के बहुत क़रीब आ गए होंगे। ब्रह्मांड में जिस तरह के अणुओं का अस्तित्व है, वे तक तापमान और इसीलिए ब्रह्मांड की आयु पर निर्भर करते हैं।

अरस्तू नहीं मानते थे कि द्रव्य (मैटर) अणुओं से मिलकर बना है। उनका मानना था कि द्रव्य निरंतर है, यानी उनके मुताबिक़, किसी भी द्रव्य को किसी भी सीमा तक छोटे-से-छोटे टुकड़ों में विभाजित किया जा सकता है : द्रव्य का ऐसा कोई भी दाना कभी नहीं होगा, जिसे पुनः विभाजित न किया जा सके, लेकिन कुछ यूनानी, जैसे कि डेमोक्रिटस, मानते थे कि द्रव्य स्वभावतः दानेदार होता है और हर वस्तु बड़ी तादाद में विभिन्न क़िस्म के अणुओं (एटम्स) से मिलकर बनी है। (ग्रीक भाषा में *एटम* शब्द का मतलब होता है 'अविभाज्य'।) आज हम जानते हैं कि यह बात सच है- कम-से-कम हमारे पर्यावरण में, और ब्रह्मांड की वर्तमान अवस्था में तो सच है ही, लेकिन हमारे ब्रह्मांड के अणुओं का अस्तित्व हमेशा नहीं था, वे अविभाज्य नहीं हैं, और वे ब्रह्मांड के कणों की क़िस्मों के बहुत छोटे-से अंश का प्रतिनिधित्व करते हैं।

अणु अपेक्षाकृत छोटे-छोटे कणों से मिलकर बने हैं : इलेक्ट्रॉन, प्रोटॉन, और न्यूट्रॉन से। प्रोटॉन और न्यूट्रॉन ख़ुद और भी छोटे कणों से मिलकर बने हैं, जिन्हें क़्वार्क्स कहा जाता है। इसके अतिरिक्त, इनमें से प्रत्येक उपआणुविक (सबएटॉमिक) कणों के समान ही प्रतिकणों (एंटीपार्टिकल) का अस्तित्व है। प्रतिकणों में अपने सहोदरों की ही भाँति द्रव्य होता है, लेकिन वे अपने आवेश (चार्ज) और गुण-धर्म में उनके विपरीत होते हैं। उदाहरण के लिए, इलेक्ट्रॉन के प्रतिकण को पॉज़िट्रॉन के नाम से जाना जाता है, जिसमें इलेक्ट्रॉन के विपरीत धनात्मक आवेश (पॉज़िटिव चार्ज) होता है। प्रतिकणों से मिलकर बनी एक समूची

प्रति–दुनिया (एंटीवर्ल्ड) हो सकती है और एंटीपीपल हो सकते हैं, लेकिन जब एक प्रतिकण और कण मिलते हैं, वे एक–दूसरे का विनाश कर देते हैं। इसलिए अगर आप अपने प्रतिस्वत्व (एंटीसेल्फ़) से मिलें, तो उससे हाथ न मिलाएँ –आप दोनों प्रकाश की एक विशाल कौंध में समा जाएँगे!

प्रकाश ऊर्जा एक भिन्न क़िस्म के कण के रूप में आती है। यह एक द्रव्य रहित कण होता है, जिसे फ़ोटॉन के नाम से जाना जाता है। हमारे पास की सूर्य की परमाणुविक भट्टी पृथ्वी पर फ़ोटॉन का सबसे बड़ा स्रोत है। सूर्य एक अन्य क़िस्म के कण का भी विशाल स्रोत है : न्यूट्रिनो, जिसका पहले उल्लेख किया जा चुका है (एंटीन्यूट्रिनो), लेकिन ये अत्यंत हल्के कण बमुश्किल ही कभी मैटर से अंत:क्रिया करते हैं, और इसलिए वे बिना कोई प्रभाव डाले प्रति सेकंड अरबों की दर से हमारे भीतर से गुज़रते रहते हैं। कुल मिलाकर, भौतिक विज्ञानियों ने ऐसे दर्जनों प्राथमिक कणों का पता लगाया है। समय के गुज़रने के साथ, जैसे–जैसे ब्रह्मांड जटिल विकास–प्रक्रिया से गुज़रता गया है, कणों के इस चिड़ियाघर का रूप भी विकसित होता रहा है। इस विकास–प्रक्रिया ने ही पृथ्वी जैसे ग्रहों और हम जैसे प्राणियों के अस्तित्व को संभव बनाया है।

बिग बैंग के एक सेकंड बाद, ब्रह्मांड इतना पर्याप्त फैल चुका होगा कि उसका तापमान दस अरब सेल्सियस तक गिर गया होगा। यह सूर्य के केंद्र के तापमान का लगभग एक हज़ार गुना है, लेकिन इतना उच्च तापमान एच–बम के विस्फोटों में पहुँच जाता है। इस समय ब्रह्मांड में ज़्यादातर फ़ोटॉन, इलेक्ट्रॉन और न्यूट्रिनो, और उनके प्रतिकण, साथ ही कुछ प्रोटॉन और न्यूट्रॉन रहे होंगे। इन कणों में इतनी अधिक ऊर्जा रही होगी कि जब वे आपस में टकराए होंगे, तो उन्होंने कणों/प्रतिकणों के अनेक भिन्न क़िस्म के जोड़ों को उत्पन्न किया होगा। मसलन, संभव है, टकराते हुए प्रोटॉन ने एक इलेक्ट्रॉन और उसके प्रतिकण, पॉज़िट्रॉन को उत्पन्न किया हो। इनमें से कुछ नए उत्पन्न कण एक प्रतिकण सहोदर से टकराए होंगे और वे नष्ट हो गए होंगे। जब भी कभी कोई इलेक्ट्रॉन किसी पॉज़िट्रॉन से मिलेगा, दोनों नष्ट हो जाएँगे, लेकिन इसकी विपरीत प्रक्रिया इतनी आसान नहीं है : फ़ोटॉन जैसे किसी द्रव्य रहित कण को एक इलेक्ट्रॉन और एक पॉज़िट्रॉन जैसा जोड़ा तैयार करने के लिए परस्पर टकराते द्रव्यहीन कणों में एक निश्चित न्यूनतम ऊर्जा अनिवार्य है। ऐसा इसलिए है, क्योंकि इलेक्ट्रॉन और पॉज़िट्रान में द्रव्य होता है, और इस नव–रचित द्रव्य का टकराते हुए कणों की ऊर्जा से आना अनिवार्य है। जैसे–जैसे ब्रह्मांड फैलता गया और तापमान गिरता गया, इलेक्ट्रॉन/पॉज़िट्रान जोड़ों को रचने योग्य पर्याप्त ऊर्जा से युक्त टकराव उससे कम दर पर घटित हुए होंगे, जिस दर पर इन जोड़ों का विनाश हो रहा होगा। इसलिए अंतत: ज़्यादातर इलेक्ट्रॉन और पॉज़िट्रान

ने एक-दूसरे को ख़त्म कर और अधिक फ़ोटॉन उत्पन्न किए होंगे, और अपेक्षाकृत थोड़े-से इलेक्ट्रॉन छोड़े होंगे। दूसरी ओर, न्यूट्रॉन और एंटीन्यूट्रॉन अपने साथ और दूसरे कणों के साथ बहुत कमज़ोर ढंग से अंत:क्रिया करते हैं, इसलिए उन्होंने उतनी तेज़ी के साथ एक-दूसरे को नष्ट नहीं किया होगा। वे आज भी आस-पास बने होंगे। अगर हम उन्हें देख सकें, तो हमें ब्रह्मांड की अत्यंत तप्त आरंभिक अवस्था की तसवीर का अच्छा जायज़ा मिल सकता है, लेकिन बदक़िस्मती से, अरबों वर्ष बीत जाने के बाद उनकी ऊर्जा इतनी कम हो गई होगी कि हम उन्हें प्रत्यक्षत: नहीं देख सकते (हालाँकि, हम परोक्षत: उनका पता लगा सकते हैं)।

बिग बैंग के लगभग एक सौ सेकंड बाद, ब्रह्मांड का तापमान गिरकर एक अरब डिग्री हो गया होगा, जो सबसे गर्म नक्षत्रों का अंदरूनी तापमान होता है। इस तापमान पर, स्ट्राँग फ़ोर्स नामक बल ने महत्त्वपूर्ण भूमिका निभाई होगी। यह स्ट्राँग फ़ोर्स, जिसकी चर्चा हम अधिक विस्तार से अध्याय 11 में करेंगे, एक छोटे दायरे का आकर्षक बल होता है, जिसकी वजह से प्रोटॉन और न्यूट्रॉन एक-दूसरे से बँधकर, न्यूक्लिआई की रचना करते हैं। पर्याप्त उच्च तापमान पर प्रोटॉन और न्यूट्रॉन में इतनी पर्याप्त गतिक ऊर्जा होती है (देखें अध्याय 5) कि वे अपने टकरावों से स्वतंत्र और स्वाधीन बाहर आ सकते हैं, लेकिन एक अरब डिग्री पर उनमें स्ट्राँग फ़ोर्स के आकर्षण पर क़ाबू पाने लायक़ ऊर्जा नहीं रह गई होगी, और उन्होंने ड्युटेरियम (हैवी हाइड्रोज़न) के अणु की न्यूक्लिआई उत्पन्न करने के लिए आपस में मिलना शुरू कर दिया होगा, जिसमें एक प्रोटॉन और एक न्यूट्रॉन होता है। इसके बाद यह ड्युटेरियम न्यूक्लिआई ने और भी प्रोटॉनों और न्यूट्रॉनों से मिलकर हीलियम न्यूक्लिआई तैयार की होगी, जिसमें दो प्रोटॉन और दो न्यूट्रॉन होते हैं, और दो और भी भारी तत्त्व, लिथियम तथा बेरीलियम होते हैं। हम हिसाब लगा सकते हैं कि तप्त बिग बैंग मॉडल में, लगभग एक-चौथाई प्रोटॉन और न्यूट्रॉन हीलियम न्यूक्लिआई में, और कुछ मात्रा में हैवी हाइड्रोज़न और दूसरे तत्त्वों में बदल गए होंगे। बाक़ी बचे न्यूट्रॉन प्रोटॉनों में विघटित हो गए होंगे, जो साधारण हाइड्रोज़न अणुओं के न्यूक्लिआई हैं।

ब्रह्मांड की तप्त आरंभिक अवस्था की यह तसवीर वैज्ञानिक जॉर्ज गैमोव ने अपने एक छात्र राल्फ़ अल्फ़र के साथ मिलकर 1948 में लिखे गए अपने एक प्रसिद्ध लेख में प्रस्तुत की थी। जॉर्ज गैमोव में भरपूर विनोदवृत्ति थी- उन्होंने वैज्ञानिक हांस बेथे से आग्रह किया था कि वे भी अपना नाम उस आलेख के साथ दें, जिससे उसके लेखकों की सूची ग्रीक अक्षर अल्फ़ा, बीटा और गामा की तरह अल्फ़र, बेथे और गैमोव की शक्ल ले ले, जो ख़ास तौर से ब्रह्मांड की शुरुआत के संदर्भ में सटीक बैठती है। इस आलेख में उन्होंने यह असाधारण पूर्वानुमान प्रस्तुत

किया था कि ब्रह्मांड की अत्यंत गर्म आरंभिक अवस्था में (फ़ोटॉन्स के रूप में) जो विकिरण हुआ था, उसे आज भी बरक़रार होना चाहिए, इस फ़र्क़ के साथ कि उसका तापमान ऐब्सलूट ज़ीरो से कुछ ही डिग्री ऊपर रह गया होगा। (ऐब्सलूट ज़ीरो, −273 डिग्री सेल्सियस वह तापमान है, जिस पर पदार्थ में कोई भी ताप ऊर्जा नहीं होती, और इस तरह वह न्यूनतम संभव तापमान होता है।)

यह माइक्रोवेव विकिरण था, जिसे पेंज़िआस और विल्सन ने 1965 में खोजा था। जिस वक़्त अल्फ़र, बेथे, और गैमोव ने अपना आलेख लिखा था, तब प्रोटॉन और न्यूट्रॉन की परमाणुविक प्रतिक्रिया के बारे में कोई ख़ास जानकारी नहीं थी। इसलिए आरंभिक ब्रह्मांड के विभिन्न तत्त्वों के अनुपात के बारे में किए गए अनुमान किंचित ग़लत थे, लेकिन उन गणनाओं को बेहतर ज्ञान की रोशनी में दोहराया गया है, और अब वे हमारे पर्यवेक्षण के काफ़ी अनुरूप हैं। इसके अलावा, इस बात को किसी और तरह से स्पष्ट कर पाना बहुत मुश्किल है कि ब्रह्मांड का लगभग एक-चौथाई द्रव्य हीलियम के रूप में क्यों है।

लेकिन इस तसवीर के साथ समस्याएँ हैं। तप्त बिग बैंग मॉडल में आरंभिक ब्रह्मांड में इतना पर्याप्त समय नहीं रहा होगा कि ताप एक क्षेत्र से दूसरे क्षेत्र तक प्रवाहित हो सकता। इसका मतलब है कि ब्रह्मांड की शुरुआती अवस्था में सर्वत्र एक-जैसा तापमान रहा होना चाहिए, क्योंकि इसी से इस बात की व्याख्या मिल सकती है कि माइक्रोवेव पृष्ठभूमि में हर दिशा में समान तापमान होता है। इसके अतिरिक्त, इस तथ्य के मद्देनज़र कि फैलाव की दर अभी भी ध्वंस को टालने के लिए ज़रूरी निर्णायक दर के बहुत क़रीब है, फैलाव की आरंभिक दर को बहुत सटीक ढंग से चुना जाना ज़रूरी है। यह स्पष्ट करना बहुत मुश्किल होगा कि ब्रह्मांड की शुरुआत इसी तरह क्यों हुई होनी चाहिए, बशर्ते कि हम इसे परमेश्वर का ही एक कृत्य न मान लें, जिसका इरादा हम जैसे प्राणियों को रचने का था। ब्रह्मांड का एक ऐसा मॉडल खोजने की कोशिश में, जिसमें वर्तमान ब्रह्मांड की तरह के अनेक विभिन्न क़िस्म के विन्यास विकसित हुए हो सकते हैं, मैसाचुसेट्स इंस्टिट्यूट ऑफ़ टेक्नोलॉजी के एक वैज्ञानिक ऐलन गुथ ने संकेत किया था कि हो सकता है कि आरंभिक ब्रह्मांड बहुत तेज़ रफ़्तार फैलाव के दौर से गुज़रा हो। इस फैलाव को स्फीतिपरक कहा गया था, जिसका मतलब है एक समय में ब्रह्मांड उत्तरोत्तर बढ़ती हुई रफ़्तार से फैला था। गुथ के अनुसार, ब्रह्मांड का अर्द्ध व्यास (रेडियस) मात्र एक सेकंड में दस लाख दस लाख दस लाख दस लाख दस लाख (1 के बाद तीस शून्य) गुना फैला था। ब्रह्मांड की कोई भी अनियमितता इस फैलाव से दुरुस्त हो गई होगी, उसी तरह जैसे किसी गुब्बारे को फुलाने पर उसकी सलवटें मिट जाती हैं। इस तरह, स्फीति से हमें बाद का वर्णन मिल जाता है कि किस तरह ब्रह्मांड

की कई विभिन्न क़िस्म की विषम आरंभिक अवस्थाओं से उसकी वर्तमान समतल और एक समान अवस्था विकसित हुई होगी। इसलिए हम इस बात को लेकर पर्याप्त आश्वस्त हैं कि हमारे पास सही तसवीर है, कम-से-कम बिग बैंग के घटित होने के एक सेकंड के लगभग एक-अरब-दस खरब-दस खरबवें हिस्से के बाद की।

बिग बैंग के महज़ कुछ घंटों के भीतर हुई इस शुरुआती हलचल के बाद, हीलियम और लिथियम जैसे दूसरे तत्त्वों का उत्पन्न होना रुक गया होगा। और उसके बाद, लगभग दस लाख वर्ष तक, ब्रह्मांड किसी ख़ास बड़ी घटना के बिना फैलता रहा होगा। अंत में, जब तापमान कुछ हज़ार डिग्री तक गिर गया होगा और इलेक्ट्रॉनों और न्यूक्लिआई में अपने बीच के विद्युत-चुंबकीय आकर्षण से उबर पाने लायक़ गति की पर्याप्त ऊर्जा नहीं बच रही होगी, तो वे आपस में मिलकर अणुओं का रूप लेने लगे होंगे। ब्रह्मांड ने अपने समग्र रूप में फैलना और ठंडा होना जारी रखा होगा, लेकिन जो क्षेत्र औसत से थोड़े ज़्यादा सघन होंगे, वहाँ अतिरिक्त गुरुत्वाकर्षण की वजह से यह फैलाव धीमा बना रहा होगा।

इस आकर्षण ने अंततः कुछ क्षेत्रों में फैलाव को रोक दिया होगा और उन्हें सिकोड़ना शुरू कर दिया होगा। जब वे सिकुड़ रहे होंगे, तो इन क्षेत्रों के बाहर के द्रव्य के गुरुत्वाकर्षण ने उन्हें हल्के-हल्के घुमाना शुरू कर दिया होगा। सिकुड़ता हुआ क्षेत्र जब पहले की तुलना में छोटा हो गया होगा, तो वह अधिक तेज़ी-से घूमने लगा होगा, उसी तरह जैसे बर्फ़ पर घूमते स्केटर जब अपने हाथ समेट लेते हैं, तो वे और तेज़ी-से घूमने लगते हैं। अंततः जब वह क्षेत्र पर्याप्त छोटा हो गया होगा, तो वह इतनी पर्याप्त तेज़ रफ़्तार से घूमने लगा होगा कि गुरुत्वाकर्षण को संतुलित कर सका होगा, और इस तरह तश्तरीनुमा घूमते हुए नक्षत्र-पुंजों का उदय हुआ होगा। दूसरे क्षेत्र जो घूमना शुरू नहीं कर पाए होंगे, वे अंडाकार नक्षत्र-पुंज नामक लंबोतरे पिंडों में बदल गए होंगे। इनमें क्षेत्र ने सिकुड़ना बंद कर दिया होगा, क्योंकि नक्षत्र-पुंज के अलग-अलग हिस्से उसके केंद्र के चारों ओर स्थायी रूप से परिक्रमा कर रहे होंगे, लेकिन नक्षत्र-पुंज कुल मिलाकर नहीं घूम रहा होगा।

समय के गुज़रने के साथ, नक्षत्र-पुंजों की हाइड्रोज़न और हीलियम गैसें टूटकर छोटे-छोटे बादलों में बदल गई होंगी, जो अपने ही गुरुत्वाकर्षण के अधीन सिकुड़ हो गए होंगे। ये जैसे ही सिकुड़े होंगे और उनके अंदर के अणु एक-दूसरे से टकराए होंगे, गैस का तापमान अंततः उस सीमा तक बढ़ता गया होगा कि वह इतना पर्याप्त गर्म हो गया होगा, जहाँ उसने परमाणुविक फ़्यूज़न रिएक्शन आरंभ कर दिया होगा। इन्होंने हाइड्रोज़न को और अधिक हीलियम में बदल दिया होगा। इस प्रतिक्रिया (रिएक्शन) से पैदा हुए ताप, जो कि नियंत्रित हाइड्रोज़न बम के विस्फोट जैसा है, से ही नक्षत्रों में चमक पैदा होती है। यह अतिरिक्त ताप गैस के दबाव को भी तब तक

बढ़ाता जाता है, जब तक कि वह गुरुत्वाकर्षण को संतुलित करने के लिए पर्याप्त नहीं हो जाता है और गैस सिकुड़ना बंद नहीं कर देती है। इस तरह ये बादल आपस में मिलकर हमारे सूर्य जैसे नक्षत्रों में बदलकर हाइड्रोज़न को जलाकर हीलियम में बदलते रहते हैं, जिसके परिणामस्वरूप उनसे ताप और प्रकाश के रूप में ऊर्जा उत्पन्न होती रहती है। यह कुछ-कुछ गुब्बारे जैसी स्थिति है – उसमें उसके अंदर की हवा और रबर के तनाव के बीच संतुलन होता है : अंदर की हवा उसे फुलाने की कोशिश करती है और रबर का तनाव गुब्बारे को छोटा करने की कोशिश करता है।

जैसे ही गैस के बादल मिलकर नक्षत्रों में बदलेंगे, नक्षत्र लंबे समय तक स्थिर बने रहेंगे, जहाँ परमाणुविक रिएक्शन्स से उत्पन्न ताप गुरुत्वाकर्षण को संतुलित कर रहा होगा, लेकिन, अंततः नक्षत्र का हाइड्रोज़न और अन्य परमाणुविक ईंधन ख़त्म हो जाएगा। विरोधाभास यह है कि जितने ही ज़्यादा ईंधन के साथ किसी नक्षत्र की शुरुआत होती है, उतनी ही जल्दी वह ईंधन समाप्त हो जाता है। ऐसा इसलिए होता है, क्योंकि नक्षत्र जितना भीमकाय होता है, उतना ही उसे अपने गुरुत्वाकर्षण को संतुलित करने के लिए गर्म होना होता है। और नक्षत्र जितना ही ज़्यादा गर्म होता है, उतनी ही तेज़ी-से परमाणुविक फ़्यूज़न रिएक्शन होता है और इसलिए वह उतनी ही जल्दी अपने ईंधन का इस्तेमाल कर लेता है। हमारे सूर्य के पास संभवतः इतना पर्याप्त ईंधन है कि वह अगले लगभग पाँच अरब वर्ष तक चलता रहेगा, लेकिन ज़्यादा भीमकाय नक्षत्र दस करोड़ वर्ष की छोटी-सी अवधि तक ही अपने ईंधन का इस्तेमाल कर पाते हैं, जो ब्रह्मांड की आयु से काफ़ी कम अवधि है।

जब किसी नक्षत्र का ईंधन समाप्त हो जाता है, तो वह ठंडा होने लगता है और गुरुत्वाकर्षण हावी हो जाता है, जिससे वह सिकुड़ने लगता है। यह संकुचन अणुओं को आपस में भींच देता है और नक्षत्र फिर से गर्म हो जाता है। जब नक्षत्र और अधिक गर्म होने लगेगा, वह हीलियम को कार्बन या ऑक्सीजन जैसे भारी तत्त्वों में बदल देगा, लेकिन इससे बहुत ज़्यादा ऊर्जा उत्पन्न नहीं होगी, इसलिए एक संकट खड़ा हो जाएगा। इसके बाद क्या होता है, यह बात पूरी तरह स्पष्ट नहीं है, लेकिन संभावना यही दीखती है कि नक्षत्र के केंद्रीय क्षेत्र सिकुड़कर ब्लैक होल जैसी अत्यंत सघन अवस्था में पहुँच जाते हैं। 'ब्लैक होल' शब्दावली अभी हाल ही की है। इसे 1969 में अमेरिकी वैज्ञानिक जॉन व्हीलर ने उस विचार के चित्रात्मक निरूपण के लिए गढ़ा था, जो कम-से-कम दो सौ वर्ष पुराना है, उस समय जब प्रकाश के बारे में दो सिद्धांत अस्तित्व में थे : एक, जिसके पक्ष में न्यूटन थे, यह था कि प्रकाश कणों (पार्टिकल्स) से मिलकर बना है, और दूसरा यह कि वह तरंगों (वेव्स) से मिलकर बना है। हम जानते हैं कि दरअसल, दोनों ही सिद्धांत सही हैं। जैसा कि हम अध्याय 9 में देखेंगे, क़्वांटम मैकेनिक्स के तरंग/कण द्वैत के मुताबिक़, प्रकाश को

तरंग और कण, दोनों रूपों में समझा–देखा जा सकता है। *तरंग* और *कण* मनुष्यों द्वारा रची गई अवधारणाएँ हैं। वे ऐसी अवधारणाएँ नहीं हैं, जिन्हें मानने पर मज़बूर होकर प्रकृति सारी चीज़ों को इस कोटि या उस कोटि में रखती हो।

प्रकाश के तरंगों से निर्मित होने के सिद्धांत के अंतर्गत यह बात स्पष्ट नहीं थी कि वह गुरुत्वाकर्षण पर कैसी प्रतिक्रिया करेगा, लेकिन हम प्रकाश को कणों से निर्मित मानें, तो हम यह उम्मीद कर सकते हैं कि वे कण गुरुत्वाकर्षण से उसी तरह प्रभावित होंगे, जैसे तोप के गोले, रॉकेट और ग्रह प्रभावित होते हैं, ख़ास तौर से, अगर आप तोप के गोले को पृथ्वी – या किसी नक्षत्र – की सतह से ऊपर की ओर छोड़ें, जैसे तो वह अंततः रुक जाएगा और वापस गिरने लगेगा, बशर्ते कि जिस गति से वह ऊपर की ओर जाना शुरू करता है, वह गति एक निश्चित मान से आगे नहीं निकल जाती। इस न्यूनतम गति को एस्केप वेलॉसिटी के नाम से जाना जाता है। किसी नक्षत्र की एस्केप वेलॉसिटी उसके गुरुत्वाकर्षण की क्षमता पर निर्भर करती है। नक्षत्र जितना ही भीमकाय होगा, उसकी एस्केप वेलॉसिटी उतनी ही अधिक होगी। शुरू में लोग सोचते थे कि प्रकाश के कण अनंत रूप से तेज़ रफ़्तार से यात्रा करते हैं, इसलिए गुरुत्वाकर्षण उन्हें धीमा नहीं कर पाएगा, लेकिन रोमर की इस खोज कि प्रकाश एक निश्चित गति से यात्रा करता है, का मतलब था कि गुरुत्वाकर्षण का महत्त्वपूर्ण प्रभाव हो सकता है : अगर नक्षत्र पर्याप्त भीमकाय है, तो प्रकाश की गति उस नक्षत्र की एस्केप वेलॉसिटी के मुक़ाबले कम होगी, और उसके द्वारा छोड़ा गया सारा प्रकाश उसी में लौट जाएगा। इस मान्यता पर, 1783 में, कैम्ब्रिज के एक अध्यापक जॉन मिशेल ने *फ़िलोसॉफ़िकल ट्रैन्ज़ैक्शन्स ऑफ़ द रॉयल सोसायटी ऑफ़ लंदन* में एक लेख प्रकाशित किया था, जिसमें उन्होंने उल्लेख किया था कि जो नक्षत्र पर्याप्त रूप से भीमकाय और सघन होगा, उसका इतना प्रबल गुरुत्वाकर्षी क्षेत्र होगा कि प्रकाश उसमें से बाहर नहीं निकल सकेगा : इसके पहले कि नक्षत्र की सतह से विकीर्ण कोई भी प्रकाश बहुत दूर जा पाए, उसे नक्षत्र का गुरुत्वाकर्षण वापस खींच लेगा। ऐसे ही पिंडों को आज हम ब्लैक होल के नाम से जानते हैं, क्योंकि वे यही हैं : स्पेस में काले वॉइड्स।

ऐसी ही धारणा, कुछ वर्ष बाद, मिशेल से स्वतंत्र रूप में, फ्रांसीसी वैज्ञानिक मार्किस डी लाप्लास द्वारा प्रस्तुत की गई थी। दिलचस्प बात यह है कि लाप्लास ने इसे अपनी किताब द *सिस्टम ऑफ़ द वर्ल्ड* के पहले और दूसरे संस्करणों में ही शामिल किया था, बाक़ी संस्करणों में उसे छोड़ दिया था। शायद उन्हें वह मूर्खतापूर्ण विचार लगा था– प्रकाश के कणों वाले सिद्धांत को उन्नीसवीं सदी के दौरान पसंद नहीं किया गया था, क्योंकि ऐसा प्रतीत हुआ था कि तरंग वाले सिद्धांत से ही हर चीज़ का वर्णन मिल जाता है। वस्तुतः, न्यूटन के गुरुत्वाकर्षण के सिद्धांत

में प्रकाश को तोप के गोलों की तरह देखने से वाक़ई इसकी संगति नहीं बैठती, क्योंकि प्रकाश की गति निश्चित है। पृथ्वी से ऊपर की ओर दागे गए तोप के गोले की गति गुरुत्वाकर्षण की वजह से धीमी पड़ जाएगी और अंततः वह रुककर नीचे गिरने लगेगा; लेकिन फ़ोटॉन एक निश्चित रफ़्तार से ऊपर की ओर बढ़ता रहेगा। गुरुत्वाकर्षण किस तरह प्रकाश को प्रभावित करता है, इसका तर्कसंगत सिद्धांत तभी जाकर सामने आया था, जब आइंस्टाइन ने 1915 में सामान्य सापेक्षता का सिद्धांत प्रस्तुत किया था, और सामान्य सापेक्षता के मुताबिक़, भीमकाय नक्षत्र का क्या होगा, इसे समझने की समस्या का समाधान एक युवा अमेरिकी रॉबर्ट ओपेनहाइमर ने 1939 में किया था।

ओपेनहाइमर के काम से जो तसवीर उभरती है, वह इस प्रकार है। नक्षत्र का गुरुत्वाकर्षी क्षेत्र अंतरिक्ष-समय में गुज़रते हुए प्रकाश की किरणों के मार्ग बदल देता है और तब ये मार्ग वही नहीं रह जाते, जो वे तब होते अगर नक्षत्र उपस्थित न होता। यह वह प्रभाव है, जो सूर्य ग्रहण के समय देखे गए सुदूर नक्षत्रों से आते प्रकाश के मुड़ने में देखा गया है। अंतरिक्ष और समय में प्रकाश द्वारा अपनाए गए रास्ते नक्षत्र की सतह के क़रीब हल्के-से अंदर की ओर मुड़ जाते हैं। जैसे ही नक्षत्र सिकुड़ता है, वह और भी घनीभूत हो जाता है, इसलिए उसकी सतह का गुरुत्वाकर्षी क्षेत्र पहले से ज़्यादा प्रबल हो जाता है। (आप नक्षत्र के केंद्र-बिंदु से विकिरण के रूप में गुरुत्वाकर्षी क्षेत्र के बारे में सोच सकते हैं; जैसे ही नक्षत्र सिकुड़ता है, उसकी सतह के बिंदु, केंद्र के ज़्यादा क़रीब पहुँच जाते हैं, इसलिए वे अधिक प्रबल क्षेत्र को महसूस करने लगते हैं।) यह ज़्यादा प्रबल क्षेत्र सतह के क़रीब के प्रकाश के मार्गों को और भी अंदर की ओर झुका देता है। अंततः जब नक्षत्र एक निश्चित निर्णायक दायरे (क्रिटिकल रेडियस) तक सिकुड़ चुका होता है, तो सतह का गुरुत्वाकर्षी क्षेत्र इतना प्रबल हो जाता है कि प्रकाश के मार्ग उस सीमा तक अंदर की ओर मुड़ जाते हैं कि प्रकाश बाहर नहीं आ पाता।

सापेक्षता के सिद्धांत के अनुसार, प्रकाश से ज़्यादा तेज़ गति से कोई भी चीज़ यात्रा नहीं कर सकती। इस तरह अगर प्रकाश बाहर नहीं आ पाता, तो कोई दूसरी चीज़ भी बाहर नहीं आ सकती; हर चीज़ गुरुत्वाकर्षी क्षेत्र द्वारा अंदर खींच ली जाती है। सिकुड़े हुए नक्षत्र ने अपने इर्द-गिर्द अंतरिक्ष-समय का एक ऐसा क्षेत्र रच लिया होता है, जहाँ से निकलकर सुदूर बैठे पर्यवेक्षक तक पहुँचना संभव नहीं होता। यह क्षेत्र ब्लैक होल है। ब्लैक होल की बाहरी सरहद को इवेंट हराइज़न कहा जाता है। आज, हबल स्पेस दूरबीन और दूसरी दूरबीनों की वजह से, जो एक्स-किरणों और गामा किरणों पर फ़ोकस करती हैं, हम जानते हैं कि ब्लैक होल सामान्य चीज़ें हैं - उससे कहीं ज़्यादा सामान्य, जितना पहले सोचा जाता था। एक उपग्रह ने

आकाश के एक छोटे-से इलाक़े में पंद्रह सौ ब्लैक होल ढूँढ निकाले थे। हमने अपने नक्षत्र-पुंज के केंद्र में भी एक ब्लैक होल की खोज की है, जिसका द्रव्यमान हमारे सूर्य से दस लाख गुना है। एक नक्षत्र उस अतिभीमकाय ब्लैक होल की परिक्रमा कर रहा है, जिसकी गति प्रकाश की गति का लगभग 2 प्रतिशत है, जो किसी अणु के नाभिक की परिक्रमा करते इलेक्ट्रॉन की औसत रफ़्तार से ज़्यादा तेज़ रफ़्तार है!

अगर आप किसी भी भीमकाय नक्षत्र को सिकुड़कर ब्लैक होल बनते हुए देख रहे हैं, तो आपको क्या दिखाई देगा, इस बात को समझने के लिए यह याद रखना ज़रूरी है कि सापेक्षता के सिद्धांत में कोई निरपेक्ष समय नहीं होता। दूसरे शब्दों में, हर पर्यवेक्षक का समय का अपना पैमाना है। नक्षत्र की सतह पर स्थित किसी व्यक्ति के लिए समय के गुज़रने की प्रक्रिया उससे भिन्न होगी, जो वह नक्षत्र से दूरी पर स्थित व्यक्ति के लिए होगी, क्योंकि नक्षत्र की सतह पर गुरुत्वाकर्षी क्षेत्र अधिक प्रबल होता है।

मान लीजिए कि एक निडर अंतरिक्ष-यात्री किसी सिकुड़ते हुए नक्षत्र की सतह पर है और वह नक्षत्र के अंदर की ओर सिकुड़ने के दौरान उसकी सतह पर बना रहता है। उसकी घड़ी में किसी वक़्त - मान लीजिए 11: 00 बजे - नक्षत्र क्रिटिकल रेडियस के नीचे तक सिकुड़ जाता है, जिस पर गुरुत्वाकर्षी क्षेत्र इतना प्रबल हो जाता है कि कुछ भी उससे बाहर नहीं जा सकता। अब मान लीजिए कि उसे निर्देश दिए गए हैं कि वह अपनी घड़ी के मुताबिक़, हर सेकंड पर ऊपर उस अंतरिक्ष-यान को संकेत भेजे, जो नक्षत्र के केंद्र से एक निश्चित दूरी पर परिक्रमा कर रहा है। वह 10: 59: 58 बजे, यानी 11 बजने से दो सेकंड पहले संकेत भेजना शुरू करता है। अंतरिक्ष-यान में बैठे उसके साथी क्या रिकॉर्ड करेंगे?

हमने रॉकेट यान पर अपने पहले के दिमाग़ी प्रयोग से यह जाना था कि गुरुत्वाकर्षण समय की गति को धीमा कर देता है, और गुरुत्वाकर्षण जितना ही प्रबल होता है, उसका प्रभाव भी उतना ही ज़्यादा होता है। नक्षत्र पर मौजूद अंतरिक्ष-यात्री परिक्रमा कर रहे अपने साथियों के मुक़ाबले अधिक प्रबल गुरुत्वाकर्षी क्षेत्र में है, इसलिए उसका एक सेकंड उसके साथियों की घड़ियों में एक सेकंड से ज़्यादा होगा। और जब वह नक्षत्र के अंदर की ओर सिकुड़ते हिस्से पर सवार होगा, तो जिस क्षेत्र को वह अनुभव करेगा, वह उत्तरोत्तर प्रबल होता जाएगा, इसलिए उसके संकेतों के बीच का अंतराल अंतरिक्ष-यान में सवार लोगों के लिए उत्तरोत्तर लंबा होता जाएगा। मियाद में यह वृद्धि 10: 59: 59 के पहले बहुत कम होगी, इसलिए परिक्रमारत अंतरिक्ष-यात्रियों को नक्षत्र पर मौजूद अंतरिक्ष-यात्री के 10:59:58 पर भेजे गए संकेत और उसकी घड़ी के मुताबिक़ 10:59:59 पर भेजे गए संकेत के बीच एक सेकंड से थोड़ा ही ज़्यादा इंतज़ार करना होगा, लेकिन उसके द्वारा

11:00 बजे भेजे गए संकेत के लिए उन्हें हमेशा-हमेशा के लिए इंतज़ार करते रहना पड़ेगा।

नक्षत्र की सतह पर (अंतरिक्ष-यात्री की घड़ी के हिसाब से) 10:59:59 और 11:00 बजे के बीच जो कुछ भी होगा, वह सब, अंतरिक्ष-यान के दृष्टिकोण से, अंतहीन समय में फैला होगा। जैसे ही 11:00 बजेंगे, वैसे ही नक्षत्र से आते प्रकाश की तरंगों के चढ़ाव और उतार (क्रस्ट ऐंड ट्राफ़) उसी तरह उत्तरोत्तर लंबे होते जाएँगे, जिस तरह अंतरिक्ष-यात्री द्वारा भेजे गए संकेतों के बीच का अंतराल बढ़ता जाएगा। चूँकि प्रकाश की आवृत्ति (फ्रीक्वेंसी) उसके चढ़ावों और उतारों की प्रति सेकंड संख्या का पैमाना है, अंतरिक्ष-यान में सवार लोगों के लिए नक्षत्र से आते प्रकाश की आवृत्ति उत्तरोत्तर कम होती जाएगी। इस तरह उसका प्रकाश उत्तरोत्तर लाल (और उत्तरोत्तर धुँधला) होता जाएगा। अंततःनक्षत्र इतना फीका पड़ जाएगा कि वह अंतरिक्ष-यान से दिखाई देना बंद हो जाएगा : स्पेस में केवल एक ब्लैक होल रह जाएगा, लेकिन तब भी वह अंतरिक्ष-यान पर उतना ही गुरुत्वाकर्षी बल डालता रहेगा और अंतरिक्ष-यान परिक्रमा करता रहेगा।

लेकिन यह परिदृश्य यथार्थ नहीं है, क्योंकि उसके साथ नीचे अंकित समस्या है। आप नक्षत्र से जितना ही ज़्यादा दूर होते जाते हैं, उतना ही गुरुत्वाकर्षण कमज़ोर पड़ता जाता है, इसलिए गुरुत्वाकर्षी बल उस जाँबाज़ अंतरिक्ष-यात्री के पैरों पर उससे ज़्यादा होगा, जितना वह उसके सिर पर होगा। बल का यह फ़र्क़ उसे स्पाघेट्टी की भाँति तान देगा या नक्षत्र के क्रिटिकल रेडियस तक सिकुड़ने (जिस पर इवेंट हराइज़न निर्मित होता है) के पहले ही उसके टुकड़े कर देगा! लेकिन हमारा विश्वास है कि ब्रह्मांड में और भी बड़े पिंड हैं, जैसे कि नक्षत्र-पुंज का मध्य क्षेत्र, जो ख़ुद भी गुरुत्वाकर्षी संकुचन की प्रक्रिया से गुज़रकर ब्लैक होल उत्पन्न कर सकता है, उसी तरह जैसे कि हमारे नक्षत्र-पुंज के मध्य में अतिभीमकाय ब्लैक होल है। हमारा अंतरिक्ष-यात्री इनमें से किसी पर भी, उसके ब्लैक होल बनने के पहले, टुकड़ा-टुकड़ा नहीं होगा। वस्तुतः, जब वह क्रिटिकल रेडियस पर पहुँचेगा, तो वह कुछ ख़ास अलग महसूस नहीं करेगा, और वह उस बिंदु को ग़ौर किए बिना ही पार कर लेगा, जहाँ से वापसी संभव नहीं है- हालाँकि जो लोग बाहर हैं, उनके लिए उसके द्वारा भेजे जाने वाले संकेत उत्तरोत्तर दूर होते जाएँगे और अंततः मिलना बंद हो जाएँगे। और अंतरिक्ष-यात्री द्वारा मापे गए महज़ कुछ ही घंटों के भीतर, जैसे-जैसे क्षेत्र सिकुड़ता जाएगा, उसके पैरों और सिर पर पड़ते गुरुत्वाकर्षी बल का अंतर इतना प्रबल हो जाएगा कि वह पुनः उसके टुकड़े कर देगा।

कभी-कभी जब कोई भीमकाय नक्षत्र सिकुड़ता है, तो उस नक्षत्र के बाहरी इलाक़े भीषण विस्फोट के शिकार होकर उड़ सकते हैं। इस विस्फोट को सुपरनोवा

कहते हैं। सुपरनोवा विस्फोट इतना विराट होता है कि वह उससे ज़्यादा प्रकाश का विकिरण कर सकता है, जितना उसके नक्षत्र-पुंज के सारे नक्षत्र मिलकर कर सकते हैं। इसका एक उदाहरण वह सुपरनोवा है, जिसके अवशेषों को हम क्रेब नेबुला (कर्क निहारिका) के रूप में देखते हैं। इसे चीनियों ने 1054 में दर्ज किया था। हालाँकि, जिस नक्षत्र में वह विस्फोट हुआ था, वह पाँच हज़ार प्रकाश-वर्ष दूर था, तब भी वह महीनों तक नंगी आँखों से दिखाई देता रहा था और वह इतना ज़्यादा चमकीला था कि आप उसे दिन में भी देख सकते थे और रात में उसकी रोशनी में पढ़ सकते थे। पाँच हज़ार प्रकाश-वर्ष दूर का सुपरनोवा सौ गुना ज़्यादा चमकीला होगा और शब्दश: रात को दिन में बदल सकता है। इस तरह के विस्फोट की प्रचंडता को समझने के लिए, ज़रा सोचिए कि उसका प्रकाश सूर्य के प्रकाश से होड़ करेगा, बावजूद इसके कि वह सैकड़ों लाख गुना दूर होगा। (याद करें कि हमारा सूर्य आठ प्रकाश-मिनट की दूरी पर है।) अगर सुपरनोवा विस्फोट पर्याप्त क़रीब हो जाए, तो हो सकता है कि वह पृथ्वी को जस-का-तस रहने दे, लेकिन उससे इतना पर्याप्त विकिरण होगा कि वह सारे प्राणियों, वनस्पतियों और अन्य जीवितों को ख़त्म कर देगा। वस्तुत: हाल ही में यह प्रतिपादित किया गया था कि प्लाइस्टसीन (प्रतिनूतन) और प्लाइअसीन (अतिनूतन) युगों के मिलन बिंदु पर, लगभग बीस लाख वर्ष पहले समुद्री प्राणियों का जो सफ़ाया हुआ था, वह स्कॉर्पियस-सेंटारस एसोसिएशन नामक नक्षत्र-गुच्छ के क़रीब सुपरनोवा विस्फोट के नतीजे में हुए ब्रह्मांडीय किरणों के विकिरण का नतीजा था। कुछ वैज्ञानिकों का ऐसा मानना है कि नक्षत्र-पुंजों के उन्हीं क्षेत्रों में उन्नत जीवन के विकसित होने की संभावना है, जिनमें बहुत ज़्यादा नक्षत्र नहीं हैं - 'जीवन के क्षेत्र' (जो 'जोन्स ऑफ़ लाइफ़' हैं), क्योंकि अधिक सघन क्षेत्रों में सुपरनोवा जैसी घटनाएँ किसी भी तरह की विकासपरक शुरुआत को नियमित रूप से नष्ट करती रहेंगी। ब्रह्मांड में कहीं पर हर दिन सुपरनोवाओं के औसतन सैकड़ों हज़ारों विस्फोट होते रहते हैं। किसी ख़ास नक्षत्र-पुंज के भीतर सदी में एक बार सुपरनोवा का विस्फोट होता है, लेकिन यह महज़ औसत है। दुर्भाग्य से - कम-से-कम अंतरिक्ष-यात्रियों के दुर्भाग्य से- आकाशगंगा में अंतिम सुपरनोवा, दूरबीन के आविष्कार से पहले, 1604 में घटित हुआ था।

हमारे नक्षत्र-पुंज के अगले सुपरनोवा विस्फोट का पहला प्रत्याशी रो कैसिओपिया नामक नक्षत्र है। सौभाग्य से, हम सुरक्षित हैं, क्योंकि वह हमसे दस हज़ार प्रकाश-वर्ष दूर होगा। यह नक्षत्रों के उस वर्ग से है, जिसे येलो हाइपरजाइंट के नाम से जाना जाता है, जो आकाशगंगा के सात ज्ञात येलो हाइपरजाइंट में से एक है। अंतरिक्ष यात्रियों के एक अंतरराष्ट्रीय दल ने इस नक्षत्र का अध्ययन 1993 में शुरू किया था। अगले कुछ वर्षों में उन्होंने उसमें नियमित रूप से कुछ सौ डिग्री तापमान के उतार-चढ़ाव को ग़ौर किया था, फिर 2000 की गर्मियों में उसका

तापमान अचानक 7,000 डिग्री से गिरकर 4,000 डिग्री सेल्सियस पर पहुँच गया। उस दौरान, उन्हें नक्षत्र के वातावरण में टाइटेनियम ऑक्साइड का भी पता लगा, जिसके बारे में उनका मानना है कि वह किसी भीषण झटके की वजह से नक्षत्र द्वारा बाहर उछाली गई एक बाहरी सतह का हिस्सा है।

किसी सुपरनोवा विस्फोट में नक्षत्र के जीवन के अंत के क़रीब कुछ भारी तत्त्व उत्पन्न होते हैं, जो नक्षत्र-पुंज में छितरा दिए जाते हैं। ये अगले नक्षत्रों के निर्माण के लिए कच्ची सामग्री के रूप में काम आते हैं। हमारे अपने सूर्य में 2 प्रतिशत ऐसे भारी तत्त्व शामिल हैं। यह दूसरी या तीसरी पीढ़ी का नक्षत्र है, जो लगभग 5 अरब वर्ष पहले आरंभिक सुपरनोवाओं के कचरे से भरी घूमती हुई गैस के बादल से निर्मित हुआ था। उस बादल की ज़्यादातर गैस सूर्य के निर्माण में ख़र्च हो गई थी या विस्फोट में उड़ गई थी, लेकिन भारी तत्त्वों की कुछ मात्रा ने एकत्र होकर उन पिंडों को जन्म दिया, जो आज सूर्य की परिक्रमा करते हैं, जिनमें से एक हमारी पृथ्वी है। हमारे जेवरों के काम आने वाला सोना और हमारे परमाणु रिएक्टरों में काम आने वाला यूरेनियम, दोनों ही उन सुपरनोवा विस्फोटों के अवशेष हैं, जो सूर्य के जन्म के पहले हुए थे!

जब पृथ्वी नई-नई घनीभूत हुई थी, तब वह बहुत गर्म थी और उसका कोई वातावरण नहीं था। समय के गुज़रने के साथ वह ठंडी होती गई और उसने चट्टानों से निकलती गैसों से वातावरण अर्जित किया। यह शुरुआती वातावरण वह नहीं था, जिसमें हम जीवित रह पाते। उसमें कोई ऑक्सीजन नहीं थी, लेकिन उसमें ऐसी बहुत-सी गैसें थीं, जो हमारे लिए ज़हरीली हैं, जैसे कि हाइड्रोज़न सल्फ़ाइड (वह गैस, जो हमें सड़े हुए अंडों की गंध के रूप में अनुभव होती है), लेकिन जीवन के कुछ दूसरे आदिम रूप हैं, जो इस तरह की परिस्थितियों में पनप सकते हैं। समझा जाता है कि वे महासागरों में विकसित हुए थे और संभवत: बड़ी संरचनाओं के रूप में अणुओं के संयोगजन्य मेल का नतीजा थे। इन संरचनाओं को मैक्रोमॉलिक्यूल्स के नाम से जाना जाता है, जो महासागर में दूसरे अणुओं को उसी तरह की संरचनाओं में एकत्र (असेम्बल) करने में सक्षम होते हैं। इस तरह उन्होंने ख़ुद का पुनरुत्पादन किया होगा और उनकी संख्या बढ़ती गई होगी। कुछ मामलों में पुनरुत्पादन में दोष पैदा हो जाते हैं। ज़्यादातर ये दोष कुछ इस तरह के रहे होंगे कि नया मैक्रोमॉलिक्यूल ख़ुद को पुनरुत्पादित नहीं कर सका होगा और अंतत: नष्ट हो गया होगा, लेकिन कुछ दोषों ने नए मैक्रोमॉलिक्यूल पुनरुत्पादित किए होंगे, जो ख़ुद को पुनरुत्पादित करने की बेहतर स्थिति में रहे होंगे। इसलिए वे लाभ की स्थिति में रहे होंगे और मूल मैक्रोमॉलिक्यूल्स की जगह लेने की ओर उन्मुख हुए होंगे। इस तरह विकास की प्रक्रिया आरंभ हुई, जिसके नतीजे में उत्तरोत्तर और अधिक पेचीदा और अपना पुनरुत्पादन कर सकने वाले जीव विकसित हुए। जीवन के इन पहले आदिम रूपों ने

हाइड्रोज़न सल्फ़ाइड समेत बहुत-सी सामग्रियों का उपभोग किया, और ऑक्सीजन छोड़ी। इसने धीरे-धीरे वातावरण को बदलकर आज की संरचना का रूप दिया, और मछली, रेंगने वाले जीवों, स्तनधारियों, और अंततः मानव-प्रजाति जैसे जीवन के उच्चतर रूपों को विकसित होने की गुंजाइश प्रदान की।

बीसवीं सदी, ब्रह्मांड के बारे में मनुष्य के दृष्टिकोण के रूपांतरण की साक्षी रही है : हमें ब्रह्मांड की विशालता के संदर्भ में अपने ग्रह की अत्यंत साधारण स्थिति का बोध हुआ है, और हमने यह पता लगाया है कि समय और अंतरिक्ष वक्र और अविभाज्य हैं, ब्रह्मांड फैल रहा है, और समय के भीतर इसकी शुरुआत हुई है।

अत्यंत गर्म रूप में ब्रह्मांड की शुरुआत और फैलने के साथ उसके ठंडे होते जाने की यह तसवीर आइंस्टाइन के गुरुत्वाकर्षण और सामान्य सापेक्षता के सिद्धांत पर आधारित है। ये सिद्धांत आज हमारे पास उपलब्ध सारे पर्यवेक्षणपरक साक्ष्यों से मेल खाते हैं। यह तथ्य उस सिद्धांत की महान विजय है, लेकिन चूँकि गणित वास्तव में अनंत संख्याओं को नहीं सँभाल सकता, इसलिए यह अनुमान लगाते हुए कि ब्रह्मांड का आरंभ बिग बैंग के साथ हुआ था, जिस समय ब्रह्मांड की सघनता और अंतरिक्ष-समय की वक्रता अंतहीन रही होगी, सापेक्षता का सिद्धांत यह अनुमान प्रस्तुत करता है कि ब्रह्मांड में कोई ऐसा मक़ाम है, जहाँ यह सिद्धांत ख़ुद भी ध्वस्त या विफल हो जाता है। इस तरह का मक़ाम उस चीज़ का एक उदाहरण है, जिसे गणितज्ञ सिंग्युलेरिटी की संज्ञा देते हैं। जब कोई सिद्धांत अंतहीन सघनता और वक्रता जैसी सिंग्युलेरिटीज़ का अनुमान करता है, तब वह इस बात का संकेत होता है कि उस सिद्धांत में किसी-न-किसी रूप में संशोधन अनिवार्य है। सामान्य सापेक्षता का सिद्धांत अपूर्ण है, क्योंकि यह हमें यह नहीं बता पाता कि ब्रह्मांड की शुरुआत कैसे हुई थी।

सामान्य सापेक्षता के अतिरिक्त, बीसवीं सदी ने प्रकृति के एक अन्य आंशिक सिद्धांत को जन्म दिया था। यह सिद्धांत है क़्वांटम मैकेनिक्स। यह सिद्धांत उन चीज़ों के बारे में है, जो बहुत छोटे पैमाने पर घटित होती हैं। बिग बैंग की हमारी तसवीर हमें बताती है कि ब्रह्मांड के अत्यंत आरंभिक दौर में ऐसा कोई समय निश्चय ही रहा होगा, जब ब्रह्मांड इतना छोटा रहा होगा कि उसके बड़े पैमाने की संरचना का अध्ययन करते हुए भी क़्वांटम मैकेनिक्स के छोटे पैमाने के प्रभावों को नज़रअंदाज़ करना संभव नहीं था। अगले अध्याय में हम देखेंगे कि ब्रह्मांड के आरंभ से अंत तक की संपूर्ण समझ हासिल करने की हमारी सबसे बड़ी उम्मीद इस बात पर टिकी है कि इन दोनों आंशिक सिद्धांतों को मिलाकर गुरुत्वाकर्षण का क़्वांटम सिद्धांत तैयार हो सकेगा, एक ऐसा सिद्धांत, जिसमें विज्ञान के साधारण नियम समय की शुरुआत समेत हर कहीं लागू होंगे, और किसी तरह की सिंग्युलेरिटीज़ की ज़रूरत नहीं रह जाएगी।

9

क़्वांटम गुरुत्व

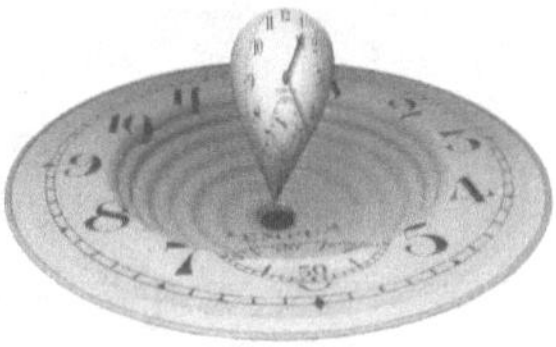

वैज्ञानिक सिद्धांतों की कामयाबी, ख़ासतौर से न्यूटन के गुरुत्वाकर्षण के सिद्धांत के नतीजे में उन्नीसवीं सदी के आरंभ में मार्किस डी लाप्लास यह तर्क विकसित कर सके कि ब्रह्मांड पूरी तरह से निर्धारणात्मक (डिटर्मनिस्टिक) है। लाप्लास का मानना था कि ऐसे वैज्ञानिक नियम होने चाहिए, जो हमें ब्रह्मांड में घटित होने वाली हर घटना का - कम-से-कम सैद्धांतिक स्तर पर - पूर्वानुमान करने की गुंजाइश दे सकें। इन नियमों के लिए जानकारी के एकमात्र इनपुट के तौर पर किसी भी समय में ब्रह्मांड की संपूर्ण दशा की जानकारी की ज़रूरत होगी। इसे आरंभिक दशा (इनीशियल कंडीशन) या सीमांत दशा (बाउंड्री कंडीशन) कहा जाता है। (यहाँ सीमांत का मतलब अंतरिक्ष या समय में सीमांत से हो सकता है; अंतरिक्ष में सीमांत दशा ब्रह्मांड के बाहरी सीमांत पर उसकी अवस्था है - अगर है तो।) लाप्लास का मानना था कि नियमों के एक संपूर्ण सेट और सटीक आरंभिक या सीमांत दशा के आधार पर हम किसी भी समय में ब्रह्मांड की संपूर्ण अवस्था का आकलन कर सकते हैं।

आरंभिक दशाओं के लिए किस चीज़ की ज़रूरत होगी, यह संभवत: सहज बोधात्मक रूप से ज़ाहिर है : वर्तमान की विभिन्न अवस्थाएँ ज़ाहिर तौर पर भविष्य की विभिन्न अवस्थाओं की ओर ले जाएँगी। अंतरिक्ष में सीमांत दशा के लिए जिस चीज़ की ज़रूरत है, वह कुछ ज़्यादा सूक्ष्म होती है, लेकिन सिद्धांत वही होता है। जिन समीकरणों पर भौतिक सिद्धांत आधारित होते हैं, उनके हल आमतौर से भिन्न हो सकते हैं, और यह निर्धारित करने के लिए कि कौन-सा हल लागू किया जाए, आपको आरंभिक या सीमांत दशाओं पर निर्भर करना होता है। यह कुछ-कुछ यह कहने जैसा है कि आपके बैंक खाते में बड़ी मात्रा में रक़म की आवाजाही हो रही है। अंत में आप दिवालिया होंगे या रईस होंगे, यह सिर्फ़ भुगतान की गई और निकाली

गई राशि पर निर्भर नहीं करता, बल्कि शुरुआत में आपके खाते में जमा रक़म की सीमांत या आरंभिक दशा पर भी निर्भर करता है।

अगर लाप्लास का कहना सही था, तब, ब्रह्मांड की वर्तमान अवस्था में, ये नियम हमें ब्रह्मांड की भविष्य और अतीत, दोनों ही अवस्थाओं के बारे में बताएँगे। उदाहरण के लिए, सूर्य और ग्रहों की स्थिति और गति को देखते हुए हम न्यूटन के नियमों का इस्तेमाल सौरमंडल की परवर्ती या पूर्ववर्ती अवस्थाओं का पता लगाने के लिए कर सकते हैं। निर्धारणवाद (डिटर्मनिज़्म) ग्रहों के संदर्भ में पर्याप्त ज़ाहिर-सा प्रतीत होता है- आख़िरकार, अंतरिक्ष-यात्री ग्रहणों जैसी घटनाओं के अपने पूर्वानुमानों के मामले में बहुत सटीक साबित होते हैं, लेकिन लाप्लास ने आगे बढ़कर यह कल्पना भी की थी कि समान नियम, मानव व्यवहार समेत, अन्य तमाम दूसरी चीज़ों को भी नियंत्रित करते हैं।

क्या वैज्ञानिकों के लिए यह आकलन करना सचमुच संभव है कि भविष्य के हमारे सारे कृत्य क्या होंगे? एक गिलास पानी में 10^{24} (1000000000000000000000000) से ज़्यादा कण (मॉलिक्यूल) होते हैं। व्यावहारिक स्तर पर हम इनमें से प्रत्येक कण की अवस्था को जानने की उम्मीद कभी नहीं कर सकते, ब्रह्मांड या यहाँ तक कि हमारी अपनी कायाओं की संपूर्ण अवस्था को जानने की बात तो छोड़ ही दें, लेकिन यह कहना कि ब्रह्मांड निर्धारणात्मक है, यह कहने के बराबर है कि भले ही हमारे पास हिसाब लगाने की मानसिक क्षमता नहीं है, तब भी हमारे भविष्य पूर्वनिर्धारित हैं।

वैज्ञानिक निर्धारणवाद के इस सिद्धांत का बहुत-से लोगों ने तगड़ा विरोध किया था, जिन्हें लगता था कि यह दुनिया को अपनी मर्ज़ी के मुताबिक़ चलाने की ईश्वर की आज़ादी को सीमित करता है, लेकिन बीसवीं सदी के आरंभिक वर्षों तक यह विज्ञान की मानक पूर्वमान्यता बनी रही थी। यह पहला संकेत कि इस विश्वास को त्यागना होगा, तब सामने आया, जब ब्रिटेन के वैज्ञानिक लॉर्ड रेली और सर जेम्स जींस ने उस ब्लैकबॉडी विकिरण का हिसाब लगाया, जिसका विकिरण नक्षत्र जैसा कोई भी तप्त पिंड करता है। (जैसा कि अध्याय 7 में उल्लेख किया गया है, कोई भी भौतिक पिंड गर्म किए जाने पर ब्लैकबॉडी विकिरण छोड़ता है।)

उस समय के जिन नियमों में हम विश्वास करते थे, उनके मुताबिक़ किसी भी तप्त पिंड को सारी फ्रिक्वेंसीज़ पर समान रूप से विद्युत-चुंबकीय तरंगें छोड़ना चाहिए। अगर यह बात सच थी, तो वह दृश्यमान प्रकाश के स्पेक्ट्रम के प्रत्येक रंग में, और माइक्रोवेव, रेडियो किरणों और एक्स किरणों आदि की सारी फ्रिक्वेंसीज़ पर समान मात्रा में ऊर्जा का विकिरण करता। याद करें कि किसी भी किरण की फ्रिक्वेंसी उस किरण के प्रति सेकंड उच्चावचन की संख्या, यानी किरणों की प्रति

सेकंड संख्या, होती है। गणितीय तौर पर, किसी तप्त पिंड का सारी फ्रिक्वेंसीज़ पर समान रूप से तरंगें छोड़ने का मतलब है कि तप्त पिंड को तरंगों में शून्य और दस लाख के बीच की फ्रिक्वेंसीज़ के साथ ऊर्जा की समान मात्रा का विकिरण करना चाहिए, जैसा कि वह उन तरंगों के मामले में करता है, जिनकी फ्रिक्वेंसी प्रति सेकंड दस लाख और बीस लाख तरंगों की, प्रति सेकंड बीस लाख और तीस लाख तरंगों की, और इसी क्रम में हमेशा जारी रहती है। मान लीजिए कि प्रति सेकंड शून्य और दस लाख तरंगों के बीच वाली तरंगों में, और प्रति सेकंड दस लाख और बीस लाख के बीच वाली तरंगों में, और इसी क्रम में आगे, ऊर्जा की एक इकाई का विकिरण होता है। तब सारी फ्रिक्वेंसीज़ में विकीर्ण ऊर्जा की कुल मात्रा 1 धन 1 धन 1 धन... हमेशा जारी रहने वाली होगी। चूँकि किसी तरंग में प्रति सेकंड तरंगों की संख्या असीमित होती है, इसलिए ऊर्जाओं का योग असमाप्य योग होगा। इस तर्क के अनुसार, कुल विकीर्ण ऊर्जा अनंत होनी चाहिए।

ज़ाहिर तौर पर हास्यास्पद इस नतीजे से बचने के लिए, जर्मन वैज्ञानिक मैक्स प्लेंक ने 1900 में कहा कि एक्स किरणें, और अन्य विद्युत-चुंबकीय तरंगें केवल पृथक पैकेट्स में ही छोड़ी जा सकती हैं, जिन्हें उन्होंने क़्वांटा नाम दिया। आज, जैसा कि अध्याय 8 में उल्लेख किया गया है, हम प्रकाश के क़्वांटम को फ़ोटॉन कहते हैं। प्रकाश की फ्रिक्वेंसी जितनी ही उच्च होगी, उतनी ही अधिक उसमें ऊर्जा निहित होगी। इसलिए, हालाँकि किसी भी प्रदत्त रंग या फ्रिक्वेंसी के सभी फ़ोटॉन एक समान होते हैं, तब भी प्लेंक का सिद्धांत कहता है कि विभिन्न फ्रिक्वेंसीज़ के फ़ोटॉन इस मायने में भिन्न होते हैं कि वे ऊर्जा की विभिन्न मात्राएँ लिए होते हैं। इसका मतलब है कि क़्वाटंम सिद्धांत में किसी भी प्रदत्त रंग के धुँधले-से प्रकाश - एक फ़ोटॉन के प्रकाश -में निहित ऊर्जा की मात्रा उसके रंग पर निर्भर करती है। उदाहरण के लिए, चूँकि बैंगनी रंग में लाल प्रकाश की दोहरी फ्रिक्वेंसी होती है, इसलिए बैंगनी प्रकाश के एक क़्वांटम में लाल प्रकाश के एक क़्वांटम में समाहित ऊर्जा से दोगुनी ऊर्जा होती है। इस तरह बैंगनी प्रकाश की न्यूनतम संभव ऊर्जा भी लाल प्रकाश की न्यूनतम संभव ऊर्जा से दोगुनी होती है।

यह चीज़ ब्लैकबॉडी समस्या को किस तरह हल करती है? कोई भी ब्लैकबॉडी किसी प्रदत्त फ्रिक्वेंसी में विद्युत-चुंबकीय ऊर्जा की जिस न्यूनतम मात्रा को विकीर्ण कर सकती है, वह उस फ्रिक्वेंसी पर एक फ़ोटॉन द्वारा धारित मात्रा होती है। फ़ोटॉन की ऊर्जा उच्चतर फ्रिक्वेंसी पर अधिक होती है। इस तरह कोई ब्लैकबॉडी जिस न्यूनतम ऊर्जा को विकीर्ण कर सकती है, वह उच्चतर फ्रिक्वेंसीज़ पर उच्चतर होती है। पर्याप्त उच्च फ्रिक्वेंसीज़ पर किसी एक क़्वांटम की ऊर्जा की मात्रा भी किसी पिंड में उपलब्ध मात्रा से ज़्यादा होगी और उस सूरत में कोई भी प्रकाश विकीर्ण

नहीं होगा और पहले का अनंत योग समाप्त हो जाएगा। इस तरह प्लेंक के सिद्धांत के अनुसार, उच्च फ्रिक्वेंसीज़ पर विकिरण कम हो जाएगा, इसलिए जिस दर से पिंड ने ऊर्जा खोई होगी, वह सीमित होगी, और इस तरह ब्लैकबॉडी समस्या हल हो जाएगी।

क्वांटम परिकल्पना ने गर्म पिंडों के विकिरण की पर्यवेक्षित दर को बहुत अच्छी तरह स्पष्ट कर दिया, लेकिन निर्धारकतावाद पर पड़ने वाले इसके परिणामों का अहसास 1926 में तब जाकर हुआ, जब एक अन्य जर्मन वैज्ञानिक वर्नर हाइज़नबर्ग ने अपना प्रसिद्ध अनिश्चय का सिद्धांत (अन्सर्टेनिटी प्रिंसिपल) सूत्रबद्ध किया।

अनिश्चय का सिद्धांत कहता है कि लाप्लास के विश्वास के विपरीत, प्रकृति हमारी उस क़ाबिलियत को परिसीमित करती है, जिसके तहत हम वैज्ञानिक नियमों का इस्तेमाल करते हुए भविष्य का पूर्वानुमान करते हैं। ऐसा इसलिए है, क्योंकि किसी कण (पार्टिकल) की भावी स्थिति और गति का पूर्वानुमान करने के लिए, हमें उसकी आरंभिक अवस्था – यानी, उसकी वर्तमान स्थिति और गति – का सटीक आकलन करने में सक्षम होना चाहिए। ऐसा करने का ज़ाहिर-सा तरीक़ा उस कण पर प्रकाश डालना है। प्रकाश की कुछ तरंगें उस कण द्वारा बिखरा दी जाएँगी। पर्यवेक्षक इनका पता लगाकर उस कण की स्थिति को दर्शा देगा, लेकिन, किसी प्रदत्त वेवलेंथ के प्रकाश में सीमित संवेदनशीलता होती है : आप प्रकाश तरंग के शिखरों (वेवक्रेस्ट) के बीच की दूरी से ज़्यादा सटीकता के साथ उस कण की स्थिति का निर्धारण नहीं कर सकेंगे। इस तरह, कण की सटीक स्थिति का आकलन करने के लिए छोटी वेवलेंथ, यानी उच्च फ्रिक्वेंसी, के प्रकाश का इस्तेमाल ज़रूरी है। हालाँकि प्लेंक की क्वांटम परिकल्पना के मुताबिक़ आप ऐच्छिक ढंग से प्रकाश की छोटी मात्रा का इस्तेमाल नहीं कर सकते : आपको कम-से-कम एक क्वांटम का इस्तेमाल तो करना ही होगा, जिसकी ऊर्जा उच्चतर फ्रिक्वेंसीज़ पर उच्चतर होगी। इस तरह, आप किसी कण की स्थिति का जितनी ही ज़्यादा सटीकता के साथ आकलन करना चाहते हैं, आपको उस पर उतना ही ज़्यादा ऊर्जस्वित क्वांटम प्रकाश डालना होगा।

क्वांटम सिद्धांत के अनुसार, प्रकाश का एक क्वांटम भी कण को विचलित कर सकता है : वह कुछ इस तरह उसकी गति को बदल देगा कि उसका पूर्वानुमान संभव नहीं होगा। और आप जितना ही अधिक ऊर्जावान क्वांटम प्रकाश का इस्तेमाल करेंगे, उतने ही अधिक विचलन की संभावना होगी। इसका मतलब है कि स्थिति का अधिक सटीक आकलन करने के लिए जब आपको अधिक ऊर्जावान क्वांटम का प्रयोग करना पड़ेगा, तो कण की गति में उतना ही अधिक

व्यवधान पैदा होगा। इसलिए, आप जितनी ही ज़्यादा सटीकता के साथ कण की स्थिति का आकलन करने की कोशिश करते हैं, उतनी ही कम सटीकता के साथ आप उसकी गति का आकलन कर पाते हैं और इसका उलटा भी उतना ही सही होगा। हाइज़नबर्ग ने दिखाया कि कण की स्थिति में अनिश्चितता से उसकी गति में अनिश्चितता गुणित होती है, जिससे कण का द्रव्यमान गुणित होता है, जो कभी भी एक निश्चित मात्रा से छोटा नहीं हो सकता। इसका मतलब है कि उदाहरण के लिए, अगर आप अवस्थिति के अनिश्चय को आधा कर दें, तो आपको गति के अनिश्चय को दोगुना करना होगा, और इसका उलटा भी सही होगा। प्रकृति हमें हमेशा इस संतुलन (ट्रेड-ऑफ़) को बनाने से रोकती है।

यह संतुलन कितना बुरा है? यह उस 'ख़ास निश्चित मात्रा' पर निर्भर करता है, जिसका ज़िक्र हमने ऊपर किया है। उस मात्रा को प्लेंक के स्थिरांक (कॉन्स्टेंट) के नाम से जाना जाता है, और वह बहुत ही छोटी-सी संख्या है।

क्योंकि प्लेंक का स्थिरांक बहुत छोटा है, इसलिए उस संतुलन और सामान्य तौर पर क्वांटम सिद्धांत के प्रभाव, सापेक्षता के सिद्धांत की ही भाँति, हमारे रोज़मर्रा जीवन में प्रत्यक्ष तौर पर नहीं देखे जा सकते। (हालाँकि क्वांटम सिद्धांत हमारे जीवन पर प्रभाव डालता है - मसलन आधुनिक इलेक्ट्रॉनिक्स जैसे क्षेत्रों के आधार के रूप में।) उदाहरण के लिए, अगर हम टेबल टेनिस की एक ग्राम द्रव्यमान वाली गेंद का किसी भी दिशा में एक सेंटीमीटर के भीतर ठीक-ठीक स्थान निर्धारित कर सकें, तो हम उसकी गति पर उससे कहीं बहुत ज़्यादा सटीकता के साथ अँगुली रख सकते हैं, जितने को जानने की ज़रूरत हमें कभी पड़ेगी, लेकिन अगर हम किसी इलेक्ट्रॉन की स्थिति को मोटे तौर पर अणु की सीमा के स्तर की सटीकता के साथ आँकते हैं, तो हम उसकी गति को प्रति सेकंड एक हज़ार किलोमीटर ज़्यादा या कम से ज़्यादा सटीकता के साथ नहीं जान सकते, जो किसी भी स्थिति में सटीक नहीं है।

अनिश्चय के सिद्धांत द्वारा तय सीमा उस तरीक़े पर निर्भर नहीं करती, जिस तरीक़े से आप कण या कण के प्रकार पर स्थिति या गति को मापने की कोशिश करते हैं। हाइज़नबर्ग का अनिश्चय का सिद्धांत दुनिया का एक बुनियादी, अपरिहार्य गुण-धर्म है, और दुनिया को देखने के हमारे ढंग के संदर्भ में इसके गंभीर अभिप्राय हैं। सत्तर से भी ज़्यादा साल बीत जाने के बाद आज भी बहुत-से दार्शनिक इन अभिप्रायों को पूरी तरह अनुभव नहीं कर सके हैं और वे अभी भी विवाद का विषय बने हुए हैं। अनिश्चय के सिद्धांत ने विज्ञान के उस सिद्धांत के लाप्लास के सपने का अंत घोषित कर दिया। यह ब्रह्मांड का ऐसा मॉडल था, जो पूरी तरह निर्धार्य होता। अगर हम ब्रह्मांड की वर्तमान स्थिति का ही आकलन नहीं कर सकते, तो फिर भविष्य की घटनाओं का ठीक-ठीक पूर्वानुमान तो निश्चय ही नहीं कर सकते!

हम शायद अभी भी ऐसे नियमों की कल्पना कर सकते हैं, जो किन्हीं पराप्राकृतिक सत्ताओं के लिए पूरी तरह से घटनाओं का निर्धारण कर सकें – उन पराप्राकृतिक सत्ताओं के लिए, जो ब्रह्मांड में कोई व्यवधान डाले बिना उसकी वर्तमान अवस्था को देख सकें, जैसा कि हम नहीं कर सकते, लेकिन, ब्रह्मांड के ऐसे मॉडल हम साधारण मरणधर्मा प्राणियों के लिए बहुत ज़्यादा दिलचस्पी के विषय नहीं हैं। बेहतर यही लगता है कि हम ओकेम के रेज़र के नाम से ज्ञात इकनॉमी के सिद्धांत का अनुप्रयोग करें और सिद्धांत के ऐसे सारे लक्षणों को काटकर हटा दें, जिनका पर्यवेक्षण नहीं किया जा सकता। इसी दृष्टिकोण के नतीजे में हाइज़नबर्ग, इर्विन श्रोडिंगा और पॉल डिराक ने 1920 के दशक में न्यूटन के मैकेनिक्स का क़्वांटम मैकेनिक्स के नाम से नया सूत्र तैयार किया, जो अनिश्चय के सिद्धांत पर आधारित था। इस सिद्धांत में कणों की कोई अलग, स्वपरिभाषित स्थिति और गति नहीं थी। इसकी बजाय, उनकी एक क़्वांटम अवस्था थी, जो केवल अनिश्चय के सिद्धांत की सीमाओं के भीतर परिभाषित स्थिति और गति का मिश्रण था।

क़्वांटम मैकेनिक्स का एक क्रांतिकारी गुण यह है कि यह किसी एक पर्यवेक्षण के संदर्भ में किसी एक निश्चित परिणाम का पूर्वानुमान नहीं करता। इसकी बजाय, वह अनेक विभिन्न संभावित नतीजों का पूर्वानुमान करता है और हमें बताता है कि इनमें से प्रत्येक किस तरह संभावित है, यानी, अगर आप बड़ी संख्या में एक-जैसी व्यवस्थाओं के समान आकलन करें, जिनमें से प्रत्येक की शुरुआत एक ही तरह से हुई हो, तो आप पाएँगे कि इस आकलन का परिणाम कुछ मामलों में 'क' होगा, उनसे भिन्न मामलों में 'ख' होगा, और यह क्रम इसी तरह जारी रहेगा। आप समयों की उन अनुमानित संख्याओं का पूर्वानुमान कर सकते हैं, जिनमें वह परिणाम 'क' और 'ख' होगा, लेकिन आप किसी एक स्वतंत्र आकलन के विशिष्ट परिणाम का पूर्वानुमान नहीं कर सकते।

उदाहरण के लिए, कल्पना कीजिए कि आप डार्टबोर्ड की ओर एक डार्ट फेंकते हैं। पारंपरिक सिद्धांतों के मुताबिक़ – यानी पुराने ग़ैरक्वांटम सिद्धांतों के अनुसार – डार्ट या तो बोर्ड के केंद्र में जाकर लगेगा या उसमें लगने से चूक जाएगा। और अगर डार्ट को फेंकते वक़्त आपको उसकी गति, गुरुत्वाकर्षण और ऐसी ही दूसरी चीज़ों के बारे में पता है, तो आप यह आकलन कर पाएँगे कि वह केंद्र से टकराएगा या टकराने से चूक जाएगा, लेकिन क़्वांटम सिद्धांत हमसे कहता है कि यह ग़लत है; उसका कहना है कि आप यह बात निश्चित तौर पर नहीं कह सकते। इसकी बजाय, क़्वांटम सिद्धांत के मुताबिक़, इस बात की एक ख़ास संभावना है कि डार्ट केंद्र से टकराएगा, और यह कि इसकी भी शून्येतर संभावना है कि वह बोर्ड के किसी दूसरे हिस्से में जाकर गिरे। डार्ट जितनी बड़ी वस्तु को देखते हुए,

अगर पारंपरिक सिद्धांत - प्रस्तुत प्रकरण में, न्यूटन का नियम - यह कहता है कि डार्ट केंद्र से जाकर टकराएगा, तो आप सुरक्षित ढंग से मानकर चल सकते हैं कि ऐसा ही होगा। कम-से-कम, (क़्वांटम सिद्धांत के मुताबिक़) वैसा न होने की संभावनाएँ इतनी कम हैं कि अगर आप ब्रह्मांड के समाप्त होने तक डार्ट को उसी ढंग से फेंकते रहें, तो संभव है कि आप कभी भी डार्ट को निशाने से चूकते हुए न देखें, लेकिन आणुविक पैमाने पर, मामले भिन्न होते हैं। एक अणु से निर्मित डार्ट के केंद्र से टकराने की 90 प्रतिशत संभावना हो सकती है और 5 प्रतिशत संभावना उसके बोर्ड पर किसी अन्य जगह पर टकराने तथा 5 प्रतिशत संभावना उसके पूरी तरह चूक जाने की हो सकती है। आप पहले से यह नहीं कह सकते कि इनमें से कौन-सी संभावना फलीभूत होगी। आप कुल मिलाकर इतना ही कह सकते हैं कि अगर आप यह प्रयोग कई बार दोहराएँ, तो आप उम्मीद कर सकते हैं कि हर एक सौ प्रयोगों में नब्बे बार डार्ट केंद्र से टकराएगा।

क़्वांटम मैकेनिक्स इस तरह विज्ञान में अपूर्वानुमेयता (अनप्रिडिक्टेबिलिटी) या अनियमितता (रेंडमनेस) के एक अपरिहार्य तत्त्व को शामिल करता है। बावजूद इसके कि इसने इन विचारों के विकास में महत्त्वपूर्ण भूमिका निभाई थी, आइंस्टाइन ने इस पर बहुत तगड़ी आपत्ति उठाई थी। दरअसल, उन्हें क़्वांटम सिद्धांत में योगदान के लिए ही नोबेल पुरस्कार मिला था। तब भी उन्होंने इस बात को कभी स्वीकार नहीं किया था कि ब्रह्मांड संयोग से परिचालित है; उनकी भावनाओं का सार-संक्षेप, उनके इस प्रसिद्ध कथन में मिलता है कि ''परमेश्वर कभी जुआ नहीं खेलता।''

जैसा कि हमने कहा था, किसी वैज्ञानिक सिद्धांत की परीक्षा इस बात से होती है कि वह किसी प्रयोग के परिणामों का पूर्वानुमान कर पाता है या नहीं। क़्वांटम सिद्धांत हमारी क्षमताओं को सीमित करता है। क्या इसका यह मतलब है कि क़्वांटम सिद्धांत विज्ञान को परिसीमित करता है? अगर विज्ञान को विकास करना है, तो जिस ढंग से हम उसे जारी रखते हैं, उस ढंग का प्रकृति द्वारा निर्धारित होना अनिवार्य है। इस मामले में, प्रकृति माँग करती है कि हम इस बात को पुनर्परिभाषित करें कि पूर्वानुमान से हमारा क्या अभिप्राय है : हो सकता है कि हम किसी प्रयोग के परिणाम का ठीक-ठीक पूर्वानुमान न कर सकें, लेकिन हम उस प्रयोग को कई बार दोहरा सकते हैं और इस बात की पुष्टि कर सकते हैं कि क़्वांटम सिद्धांत द्वारा अनुमित संभावनाओं में से अनेक संभावित नतीजे सामने आ सकते हैं। इसलिए, अनिश्चय के सिद्धांत के बावजूद, इस विश्वास से डिगने की कोई ज़रूरत नहीं है कि दुनिया भौतिक नियमों से परिचालित है। वस्तुतः, अंत में, ज़्यादातर वैज्ञानिक क़्वांटम मैकेनिक्स को स्वीकार करने को इच्छुक ही इसलिए थे, क्योंकि यह प्रयोगों से पूरी तरह मेल खाता था।

हाइज़नबर्ग के अनिश्चय के सिद्धांत का एक महत्त्वपूर्ण प्रभाव यह है कि कण किन्हीं मामलों में तरंगों की तरह आचरण करते हैं। जैसा कि हमने देखा, उनकी कोई निश्चित स्थिति नहीं होती, बल्कि वे एक ख़ास संभाव्य फैलाव के साथ 'बिखरे (स्मियर्ड आउट) होते हैं'। इसी तरह, यद्यपि प्रकाश तरंगों से निर्मित होता है, लेकिन प्लेंक की क्वांटम परिकल्पना यह भी कहती है कि प्रकाश किन्हीं रूपों में इस तरह आचरण करता है, जैसे वह कणों से मिलकर बना हो : वह केवल पैकट्स या क्वांटा में ही विकीर्ण हो सकता है या सोख लिया जा सकता है। वस्तुतः, क्वांटम मैकेनिक्स का सिद्धांत एक ऐसे नितांत नए क़िस्म के गणित पर आधारित है, जो अब वास्तविक दुनिया का निरूपण कणों या तरंगों की पदावली में नहीं करता। किन्हीं मामलों में कणों को तरंगों के रूप में देखना मददगार है और किन्हीं मामलों में बेहतर है कि तरंगों को कणों के रूप में देखा जाए, लेकिन देखने के ये ढंग महज़ सुविधा के लिए हैं। भौतिक विज्ञानियों का यही अभिप्राय होता है, जब वे यह कहते हैं कि क्वांटम मैकेनिक्स में तरंगों और कणों के बीच द्वैत है।

क्वांटम मैकेनिक्स में तरंगनुमा आचरण का एक महत्त्वपूर्ण नतीजा यह है कि हम उस चीज़ पर ग़ौर कर सकते हैं, जिसे कणों के दो सेटों के बीच हस्तक्षेप (इंटर्फ़िरन्स) कहा जाता है। सामान्य तौर पर, हस्तक्षेप को तरंगों के मसले के रूप में देखा जाता है; यानी, जब तरंगें आपस में भिड़ती हैं, तो तरंगों के एक सेट के चढ़ाव का मेल दूसरे सेट के उतार से बैठ सकता है, जिस स्थिति में यह कहा जाता है कि उनके बीच असंगति है। अगर ऐसा होता है, तो तरंगों के वे दोनों सेट एक-दूसरे को काट देते हैं, बजाय एक-दूसरे से मिलकर एक अधिक शक्तिशाली तरंग में बदलने के, जैसा कि हम अपेक्षा कर सकते हैं। प्रकाश के मामले में हस्तक्षेप का एक जाना-माना उदाहरण वे रंग हैं, जो अक्सर साबुन के बुलबुलों में देखने में आते हैं। ये बुलबुले तैयार करने वाले पानी की पतली झिल्लियों के दोनों ओर से आने वाले प्रकाश के परावर्तन के नतीजे में तैयार होते हैं। कुछ ख़ास वेवलैंथ्स के संदर्भ में जिस वक़्त तरंगों के चढ़ाव साबुन की झिल्ली के एक तरफ़ से परावर्तित होते हैं, उसी वक़्त दूसरी ओर से उतार परावर्तित होते हैं। इन वेवलैंथ्स से मिलते-जुलते ये रंग उस परावर्तित प्रकाश में अनुपस्थित होते हैं, जो इसीलिए रंगीन दिखाई देता है।

लेकिन क्वांटम सिद्धांत हमें बताता है कि क्वांटम मैकेनिक्स हमारा परिचय जिस द्वैत से कराता है, उसकी वजह से यह हस्तक्षेप कणों के संदर्भ में भी घटित हो सकता है। इसका प्रसिद्ध उदाहरण तथाकथित दो-दरार (टू-स्लिट) प्रयोग है। एक पार्टीशन – पतली दीवार – की कल्पना कीजिए, जिसमें दो समानांतर दरारें हैं। इसके पहले कि हम इस पर विचार करें कि जब इन दरारों की मार्फ़त कण भेजे जाते हैं, तब क्या होता है, हम यह देखें कि तब क्या होता है, जब इन पर रोशनी डाली जाती है। पार्टीशन के एक तरफ़ आप एक ख़ास रंग (यानी, एक ख़ास वेवलैंथ)

के प्रकाश का स्रोत रखें। ज़्यादातर प्रकाश पार्टीशन से टकराएगा, लेकिन थोड़ा-सा प्रकाश दरारों के रास्ते भी जाएगा। अब मान लीजिए कि आप पार्टीशन की दूसरी तरफ़ प्रकाश से दूर एक पर्दा खड़ा कर देते हैं। उस पर्दे के किसी भी बिंदु पर दोनों दरारों से आती तरंगें पड़ेंगी, लेकिन सामान्य तौर पर, प्रकाश को अपने स्रोत से पर्दे के बिंदु तक की जो दूरी एक दरार से गुज़रकर पार करनी होगी, वह दूसरी दरार के रास्ते पार की गई दूरी से भिन्न होगी। चूँकि पार की गई दूरी में फ़र्क़ है, इसलिए दोनों दरारों से आती हुई तरंगें जब उस बिंदु पर पहुँचेंगी, तो वे परस्पर संगति में नहीं होंगी। कुछ जगहों पर एक तरंग का उतार दूसरी तरंग के चढ़ाव के अनुरूप होगा, वहीं दूसरी तरंगें एक-दूसरे को काट देंगी, तो कुछ दूसरी जगहों पर चढ़ाव और उतार एक दूसरे के अनुरूप होंगे, और तरंगें एक-दूसरे को बल प्रदान करेंगी; और ज़्यादातर जगहों पर स्थिति दोनों के बीच कहीं होगी। परिणाम प्रकाश और अँधेरे का ख़ास पैटर्न होगा।

महत्त्वपूर्ण बात यह है कि अगर आप प्रकाश के स्रोत की जगह कणों के स्रोत, जैसे कि इलेक्ट्रॉनों को रख दें, जिनकी एक निश्चित रफ़्तार होती है, तो भी बिलकुल वैसा ही पैटर्न आपके हाथ लगेगा। (क़्वांटम सिद्धांत के अनुसार, अगर इलेक्ट्रॉनों की एक निश्चित रफ़्तार होती है, तो उनके अनुरूप द्रव्य तरंगों की एक निश्चित वेवलैंथ होती है।) मान लीजिए कि आपके पास एक ही दरार है और आप पार्टीशन पर इलेक्ट्रॉन दागना शुरू कर देते हैं। ज़्यादातर इलेक्ट्रॉनों को तो पार्टीशन ही रोक लेगा, लेकिन कुछ दरार से होकर निकलेंगे और दूसरी ओर पर्दे तक पहुँच जाएँगे। इस तरह की कल्पना तर्कसंगत प्रतीत हो सकती है कि अगर पार्टीशन में एक और दरार पैदा कर दी जाए, तो उससे पर्दे के हर बिंदु पर टकराते इलेक्ट्रॉनों की संख्या बढ़ जाएगी, लेकिन अगर आप दूसरी दरार तैयार कर देते हैं, तो पर्दे के कुछ बिंदुओं से टकराते इलेक्ट्रॉन की संख्या बढ़ जाएगी और कुछ बिंदुओं पर वह संख्या घट जाएगी, ठीक वैसे ही मानो इलेक्ट्रॉन कणों की तरह आचरण करने की बजाय तरंगों की भाँति हस्तक्षेप कर रहे हों।

अब दरारों के रास्ते एक बार में एक इलेक्ट्रॉन भेजने की कल्पना करें। क्या अभी भी हस्तक्षेप होता है? आप उम्मीद कर सकते हैं कि एक या दूसरी दरार से गुज़रता हुआ हर इलेक्ट्रॉन हस्तक्षेप के पैटर्न को समाप्त कर देगा, लेकिन, वास्तव में, जिस वक़्त एक बार में एक इलेक्ट्रॉन भेजा जा रहा होगा, तब भी हस्तक्षेप का पैटर्न सामने आएगा। इसलिए, हर इलेक्ट्रॉन एक ही समय में दोनों दरारों से गुज़र रहा होगा और अपने ही साथ हस्तक्षेप कर रहा होगा!

कणों के बीच हस्तक्षेप की यह घटना अणु की हमारी समझ के संदर्भ में बहुत महत्त्वपूर्ण रही है – अणु जो वह बुनियादी इकाई है, जिससे हम और हमारे

चारों ओर की सारी चीज़ें निर्मित हैं। बीसवीं सदी के आरंभिक दिनों में ऐसा समझा जाता था कि अणु सूर्य का चक्कर लगाते ग्रहों की भाँति होते हैं, जहाँ इलेक्ट्रॉन (ऋणात्मक विद्युत कण) उस मध्यवर्ती नाभिक का चक्कर लगाते हैं, जिसमें धनात्मक विद्युत होती है। माना जाता था कि धनात्मक और ऋणात्मक विद्युत के बीच का आकर्षण इलेक्ट्रॉनों को उसी तरह उनकी कक्षा में बनाए रखता है, जिस तरह सूर्य और ग्रहों के बीच का गुरुत्वाकर्षण ग्रहों को उनकी कक्षा में बनाए रखता है। इसके साथ समस्या यह थी कि क्वांटम मैकेनिक्स के पहले के मैकेनिक्स और विद्युत के पारंपरिक नियम पूर्वानुमान करते थे कि इस तरह परिक्रमा करने वाले इलेक्ट्रॉन विकिरण करेंगे। इससे उनकी ऊर्जा ख़त्म हो जाएगी और इस तरह वे नाभिकों से भिड़ जाने तक सर्पिल ढंग से अंदर की ओर बढ़ते जाएँगे। इसका मतलब होता कि अणु, और वास्तव में सारा द्रव्य तेज़ी-से अत्यंत उच्च सघनता की स्थिति तक सिकुड़ जाता, जैसा ज़ाहिर है कि ऐसा होता नहीं है!

डेनमार्क के वैज्ञानिक नील्स बोर ने 1913 में इस समस्या का आंशिक समाधान खोज लिया था। उन्होंने कहा था कि संभवत: इलेक्ट्रॉन केंद्रीय नाभिक से किसी भी दूरी से नहीं, बल्कि एक निश्चित दूरी से ही परिक्रमा कर सकते हैं। अगर मात्र एक या दो इलेक्ट्रॉन इनमें से किसी एक विशिष्ट दूरी से परिक्रमा करते हैं, तो इससे सिकुड़ने की समस्या ख़त्म हो जाएगी, क्योंकि जैसे ही आंतरिक कक्षाओं की सीमित संख्या पूरी हो जाएगी, इलेक्ट्रॉन सर्पिल गति से और अधिक नहीं बढ़ पाएँगे। इस मॉडल ने सरलतम अणु, हाइड्रोज़न, की संरचना को बहुत अच्छी तरह से स्पष्ट कर दिया था- हाइड्रोज़न जिसमें कि नाभिक के इर्द-गिर्द मात्र एक इलेक्ट्रॉन परिक्रमा करता है, लेकिन यह बात स्पष्ट नहीं थी कि इस मॉडल को अधिक पेचीदा अणुओं तक विस्तार कैसे दिया जाए। इसके अतिरिक्त, अनुमत (अलाउड) कक्षाओं का एक सीमित सेट एक बैंड-एड की तरह प्रतीत होता था। यह एक युक्ति थी, जो गणितीय ढंग से काम करती थी, लेकिन कोई नहीं जानता था कि प्रकृति उस तरह आचरण क्यों करेगी, या वह कौन-से गहरे नियमों - अगर ऐसे कोई नियम होंगे तो - का प्रतिनिधित्व कर रही होगी। क़्वांटम मैकेनिक्स के नए सिद्धांत ने इस समस्या का समाधान कर दिया था। उसने इस बात को उजागर किया कि नाभिक के इर्द-गिर्द परिक्रमा करते एक इलेक्ट्रॉन को एक ऐसी तरंग की तरह देखा जा सकता है, जिसकी एक वेवलैंथ है, जो अपनी गति पर निर्भर करती है। एक विशिष्ट दूरी से नाभिक का चक्कर लगाती तरंग की कल्पना करें, जैसा कि नील्स बोर की कल्पना थी। कुछ ख़ास कक्षाओं के संदर्भ में कक्षा की परिधि इलेक्ट्रॉन की वेवलैंथ्स के (भिन्नात्मक संख्या के विपरीत) पूर्णांक के अनुरूप होगी। इन कक्षाओं के संदर्भ में तरंग का उभार हर बार एक जैसी स्थिति में होगा, इसलिए तरंगें एक-दूसरे को बल प्रदान करेंगी। ये कक्षाएँ बोर की अनुमत कक्षाओं के तुल्यरूप होंगी। लेकिन जिन

कक्षाओं की लंबाइयाँ वेवलैंथ्स का पूर्णांक नहीं होंगी, उनके संदर्भ में तरंग का हर उभार इलेक्ट्रॉन के गोल घूमने के साथ अंतत: एक उतार द्वारा काट दिया जाएगा। इन कक्षाओं को गुंजाइश नहीं होगी। इस तरह, अनुमत और निषिद्ध कक्षाओं के बोर के नियम की व्याख्या मिल चुकी थी।

तरंग/कण द्वैत को साकार रूप में देखने का सबसे अच्छा तरीक़ा अमेरिकी वैज्ञानिक रिचर्ड फ़ेनमैन द्वारा प्रस्तुत तथाकथित सम ओवर हिस्ट्रीज़ है। इस दृष्टिकोण के अंतर्गत कण से यह अपेक्षा नहीं की जाती कि उसका अंतरिक्ष-समय में कोई एक इतिहास या मार्ग हो, जैसा कि पारंपरिक, नॉन क़्वांटम सिद्धांतों के अंतर्गत माना जाता। इसकी बजाय उससे 'ए' से 'बी' तक हरसंभव मार्ग से जाने की अपेक्षा की जाती है। 'ए' और 'बी' के बीच के हर रास्ते के साथ फ़ेनमैन ने दो संख्याएँ जोड़ दी थीं। इनमें से एक संख्या तरंग के विस्तार या आकार को दर्शाती थी। दूसरी चक्र में अवस्था या अवस्थिति को दर्शाती थी (यानी, वह उभार पर है या उतार पर है या इन दोनों के बीच कहीं है)। किसी कण के 'ए' से 'बी' तक जाने की संभावनाएँ तरंगों के 'ए' और 'बी' को जोड़ने वाले सारे मार्गों का योग करने से ज्ञात की जा सकती हैं। सामान्य तौर पर, अगर आप एक-दूसरे के पड़ोसी मार्गों की तुलना करते हैं, तो चक्र के अंदर अवस्थाओं या स्थितियों में बहुत ज़्यादा फ़र्क़ आ जाता है। इसका मतलब है कि इन मार्गों से जुड़ी हुई तरंगें एक-दूसरे को लगभग ठीक-ठीक काट देंगी, लेकिन, एक-दूसरे के पड़ोसी कुछ मार्गों के मामले में, मार्गों के बीच की अवस्था में बहुत ज़्यादा फ़र्क़ नहीं आएगा, और इन मार्गों की तरंगें एक-दूसरे को नहीं काटेंगी। इस तरह के मार्ग बोर की अनुमत कक्षाओं के तुल्यरूप हैं।

ठोस गणितीय रूप में इन विचारों के साथ, अधिक पेचीदा अणुओं, और यहाँ तक कि अधिक पेचीदा अणुओं की अनुमानित कक्षाओं का आकलन अपेक्षाकृत सरल था। यहाँ तक कि यह सरलता मॉलिक्यूल्स तक के संदर्भ में भी थी। ये मॉलिक्यूल्स अनेक अणुओं से मिलकर बने हैं, जो कक्षाओं में उन इलेक्ट्रॉनों के माध्यम से आपस में जुड़े होते हैं। ये एक से ज़्यादा नाभिकों की परिक्रमा करते हैं। चूँकि मॉलिक्यूल्स की सरंचना और एक-दूसरे के साथ उनकी प्रतिक्रियाएँ समूचे रसायनशास्त्र और जीवविज्ञान में आधारभूत हैं, इसलिए क़्वांटम मैकेनिक्स हमें सैद्धांतिक तौर पर अनिश्चितता के सिद्धांत द्वारा निर्धारित सीमाओं के भीतर अपने आस-पास की लगभग हर चीज़ का पूर्वानुमान करने की गुंजाइश देता है। (लेकिन, व्यवहारत:, हम किसी भी अणु के समीकरण को हल नहीं कर सकते, सिवाय उस सरलतम अणु, हाइड्रोज़न, के जिसका सिर्फ़ एक ही इलेक्ट्रॉन होता है, और हम अधिक पेचीदा अणुओं और मॉलिक्यूल्स का विश्लेषण करने के लिए अनुमानों और कंप्यूटरों का इस्तेमाल करते हैं।)

क़्वांटम सिद्धांत असाधारण रूप से सफल सिद्धांत रहा है और वह लगभग समस्त आधुनिक विज्ञान और टेक्नोलॉजी के मूल में है। वह ट्रांज़िस्टरों और इंटीग्रेटेड सर्किटों का नियमन करता है, जो टेलिविज़न और कंप्यूटर जैसे इलेक्ट्रॉनिक उपकरणों के अनिवार्य संघटक हैं, और वह आधुनिक रसयानशास्त्र और जीवविज्ञान का भी आधार है। भौतिक विज्ञान के जिन एकमात्र इलाक़ों में क़्वांटम मैकेनिक्स को अभी तक समाविष्ट नहीं किया जा सका है, वे हैं गुरुत्वाकर्षण और ब्रह्मांड की बड़े पैमाने की संरचनाएँ : जैसा कि पहले उल्लेख किया जा चुका है, आइंस्टाइन का सामान्य सापेक्षता का सिद्धांत क़्वांटम मैकेनिक्स के अनिश्चय के सिद्धांत को विचारणीय नहीं मानता, जैसा कि उसे अन्य सिद्धांतों के साथ संगति बैठाने के हिसाब से करना चाहिए।

जैसा कि हमने पिछले अध्याय में देखा था कि हम जानते हैं कि सामान्य सापेक्षता में परिवर्तन अनिवार्य है। अंतहीन सघनता – सिंग्युलेरिटीज़ – का पूर्वानुमान करते हुए पारंपरिक (यानी ग़ैर क्वांटम) सामान्य सापेक्षता अपनी ही अधोगति का पूर्वानुमान कर बैठती है, उसी तरह जैसे पारंपरिक मैकेनिक्स ने यह प्रस्तावित करते हुए अपनी अधोगति का पूर्वानुमान कर लिया था कि ब्लैकबॉडीज़ अंतहीन ऊर्जा विकीर्ण करती होंगी या अणु सिकुड़कर अंतहीन सघनता की स्थिति में पहुँच जाते होंगे। पारंपरिक मैकेनिक्स के साथ हम इन अस्वीकार्य सिंग्युलेरिटीज़ को हटाने की उम्मीद कर सकते हैं। इसके लिए हमें पारंपरिक सामान्य सापेक्षता को क्वांटम सिद्धांत में बदलना होगा, यानी गुरुत्वाकर्षण के क़्वांटम सिद्धांत का सृजन करना होगा।

अगर सामान्य सापेक्षता ग़लत है, तब फिर अब तक के सारे प्रयोग उसका समर्थन क्यों करते रहे हैं? हमने अब तक पर्यवेक्षणों के साथ इसकी विसंगति को लक्ष्य नहीं किया है, तो इसकी वजह यह है कि जिन गुरुत्वाकर्षी क्षेत्रों को हम सामान्यत: लक्ष्य करते हैं, वे बहुत कमज़ोर हैं, लेकिन जैसा कि हमने देखा, गुरुत्वाकर्षी क्षेत्र आरंभिक ब्रह्मांड में उस समय बहुत प्रबल रहा होगा, जब ब्रह्मांड का सारा द्रव्य और ऊर्जा निचुड़कर छोटे-से परिमाण में सिकुड़ गए होंगे। ऐसे प्रबल क्षेत्रों की उपस्थिति में क़्वांटम सिद्धांत के प्रभाव बहुत महत्त्वपूर्ण होंगे।

हालाँकि हमारे पास गुरुत्वाकर्षण का क़्वांटम सिद्धांत नहीं है, तब भी हम ऐसे कई गुणों से परिचित हैं, जो उसमें होने चाहिए। इनमें से एक यह है कि इसे सम ओवर हिस्ट्रीज़ की पदावली में क़्वांटम सिद्धांत को सूत्रबद्ध करने के फ़ेनमैन के प्रस्ताव को समाहित करना चाहिए। दूसरा गुण, जिसे हम समझते हैं कि किसी भी श्रेष्ठतम सिद्धांत का हिस्सा होना चाहिए, वह आइंस्टाइन की यह धारणा है कि गुरुत्वाकर्षी क्षेत्र वक्र अंतरिक्ष-समय के रूप में सामने आते हैं: कण वक्र स्पेस में

निकटमतम सीधा मार्ग अपनाने की कोशिश करते हैं, लेकिन चूँकि अंतरिक्ष-समय सपाट नहीं हैं, इसलिए वे मुड़े हुए दिखाई देते हैं, मानो वे गुरुत्वाकर्षी क्षेत्र की वजह से वैसे हों। जब हम गुरुत्वाकर्षण के बारे में आइंस्टाइन के नज़रिये पर फ़ेनमैन के सम ओवर हिस्ट्रीज़ को लागू करते हैं, तो अणु के इतिहास का सादृश्य पूरी तरह से वह वक्र अंतरिक्ष-समय होता है, जो समूचे ब्रह्मांड के इतिहास का प्रतिनिधित्व करता है।

गुरुत्वाकर्षण के पारंपरिक सिद्धांत में केवल दो ही ऐसे संभव तरीक़े हैं, जिनसे ब्रह्मांड आचरण कर सकता है: या तो उसका अस्तित्व अंतहीन समय से रहा है, या अतीत के किसी सीमित समय में किसी अंतहीन सघनता पर उसकी कोई शुरुआत रही है। जिन वजहों की चर्चा हमने पहले की है, उन्हीं वजहों से हम मानते हैं कि ब्रह्मांड हमेशा से अस्तित्व में नहीं रहा है। तब भी, अगर उसकी कोई शुरुआत है, तो पारंपरिक सामान्य सापेक्षता के मुताबिक़, यह जानने के लिए कि आइंस्टाइन का कौन-सा हल हमारे ब्रह्मांड का निरूपण करता है, हमें उसकी आरंभिक अवस्था की जानकारी अनिवार्य है – यानी, ठीक-ठीक यह कि ब्रह्मांड की शुरुआत कैसे हुई थी। हो सकता है कि ईश्वर ने मूलत: प्रकृति के नियमों का विधान कर दिया हो, लेकिन लगता यही है कि उसके बाद वह ब्रह्मांड को उन नियमों के मुताबिक़ विकसित होने देने के लिए छोड़कर चला गया है और अब वह उन नियमों में कोई हस्तक्षेप नहीं करता। उसने ब्रह्मांड की आरंभिक अवस्था या विन्यास का चुनाव कैसे किया था? समय की शुरुआत में परिसीमा प्रतिबंध (बाउंड्री कंडीशन्स) क्या थे? पारंपरिक सामान्य सापेक्षता में यह एक समस्या है, क्योंकि सामान्य सापेक्षता ब्रह्मांड की शुरुआत में विफल हो जाती है।

दूसरी ओर, गुरुत्वाकर्षण के क़्वांटम सिद्धांत में, एक नई संभावना पैदा होती है जो, अगर सच है तो, इस समस्या का निदान कर देगी। क़्वांटम सिद्धांत में, अंतरिक्ष-समय के लिए अपने विस्तार में सीमित होना संभव है, और तब भी ऐसी किन्हीं अंतहीन सघनताओं से मुक्त रहते हुए, जो सरहद या कगार रच सकती हों। उसमें अंतरिक्ष-समय पृथ्वी की सतह की भाँति होगा, जिसमें सिर्फ़ दो और आयाम होंगे। जैसा कि पहले कहा गया था, अगर आप पृथ्वी की सतह पर किसी निश्चित दिशा में चलना जारी रखें, तो आप कभी भी किसी ऐसी रुकावट का सामना नहीं करेंगे, जिसे पार करना असंभव हो या कभी भी किसी ऐसी कगार पर नहीं पहुँचेंगे, जहाँ से आप नीचे गिर जाएँ; इसकी बजाय आप किन्हीं अंतहीन सघनताओं का सामना किए बिना, अंतत: वहीं वापस आ पहुँचेंगे, जहाँ से आप चले थे। इसलिए अगर स्थिति ऐसी ही है, तो गुरुत्वाकर्षण के क़्वांटम सिद्धांत ने एक नई संभावना खोली है, जिसमें ऐसी कोई अंतहीन सघनताएँ नहीं होंगी, जिस पर विज्ञान के नियम विफल हो जाएँ।

अगर अंतरिक्ष-समय की कोई सीमा नहीं है, तो फिर सीमा पर आचरण का विशेष विवरण देने की भी कोई ज़रूरत नहीं है- ब्रह्मांड की आरंभिक अवस्था को जानने की कोई ज़रूरत नहीं है। अंतरिक्ष-समय की ऐसा कोई कगार नहीं है, जिस पर हमें ईश्वर से या किसी नए नियम से अंतरिक्ष-समय की परिसीमा प्रतिबंध निर्धारित करने की गुहार लगाने की ज़रूरत हो। हम कह सकते हैं : ''ब्रह्मांड का परिसीमा प्रतिबंध यह है कि उसकी कोई सीमा नहीं है।'' ब्रह्मांड पूरी तरह से स्वयंपूर्ण होगा और अपने से बाहर की किसी चीज़ से प्रभावित नहीं होगा। वह न तो रचा जाएगा न नष्ट होगा। वह महज़ होगा। जब तक हम यह विश्वास करते रहे थे कि ब्रह्मांड की एक शुरुआत थी, तब तक किसी सृष्टा की भूमिका स्पष्ट प्रतीत होती थी, लेकिन अगर ब्रह्मांड वाक़ई पूरी तरह स्वयंपूर्ण है, जिसकी न कोई हद है न कोई कगार है, न कोई शुरुआत है न कोई अंत है, तो उत्तर बहुत आसान नहीं है : सर्जक की क्या भूमिका है?

10

सूराख़ और समय की यात्रा

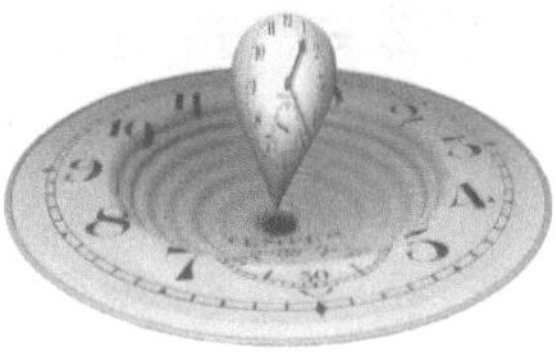

पिछले अध्यायों में हमने देखा था कि किस तरह अनेक वर्षों के दौरान समय की प्रकृति के बारे में हमारे दृष्टिकोण में फ़र्क़ आया है। बीसवीं सदी की शुरुआत तक लोग निरपेक्ष समय में विश्वास किया करते थे, यानी, हर घटना को 'समय' नामक संख्या से एक विशिष्ट ढंग से सूचित किया जा सकता था, और सारी अच्छी घड़ियाँ दो घटनाओं के बीच के समय के अंतराल के मामले में आपस में मेल खाती थीं, लेकिन, इस खोज के नतीजे में सापेक्षता का सिद्धांत सामने आया कि प्रकाश की गति हर पर्यवेक्षक के लिए एक-सी होती है, भले ही वह पर्यवेक्षक किसी भी तरह चल रहा हो- और इसी खोज के नतीजे में यह धारणा त्याग दी गई थी कि कोई अनूठा निरपेक्ष समय होता है। घटनाओं के समय को अनूठे ढंग से नहीं दर्शाया जा सकता था। इसकी बजाय, हर पर्यवेक्षक का समय का अपना माप होगा, जिसे उसकी घड़ी दर्ज करेगी, और ज़रूरी नहीं होगा कि विभिन्न पर्यवेक्षकों की घड़ियाँ आपस में मेल खाएँ। इस तरह समय एक अधिक निजी अवधारणा बन गया, जो उस पर्यवेक्षक के सापेक्ष था, जो उसे माप रहा होता था। तब भी, समय को इस तरह देखा जाता था, जैसे वह कोई सीधी रेल की पटरी हो, जिस पर आप एक ओर या दूसरी ओर जा सकते हैं, लेकिन तब क्या होगा अगर रेल की पटरी कुंडलीदार हो और उसमें शाखाएँ हों, जिससे ट्रेन भले ही आगे बढ़ती रहे, लेकिन वापस उसी स्टेशन पर पहुँच जाए, जहाँ से वह पहले गुज़र चुकी थी? दूसरे शब्दों में, क्या किसी के लिए भविष्य या अतीत में यात्रा करना संभव है? एचजी वेल्स ने अपनी किताब द *टाइम मशीन* में इन संभावनाओं को टटोला था, जैसा कि विज्ञान-कथाओं के अंतहीन और भी लेखकों ने किया था, लेकिन विज्ञान-कथा की सबमैरीन और चंद्रमा की यात्रा जैसी बहुत-सी कल्पनाएँ अब वैज्ञानिक तथ्य बन चुकी हैं। तब समय की यात्रा की क्या संभावनाएँ हैं?

भविष्य की यात्रा करना संभव है, यानी सापेक्षता यह दर्शाती है कि ऐसी टाइम मशीन तैयार करना संभव है, जो आपको समय में आगे उछाल ले जाएगी। आप टाइम मशीन में क़दम रखेंगे, इंतज़ार करेंगे, बाहर आएँगे और पाएँगे कि पृथ्वी पर उससे ज़्यादा समय बीत चुका है, जितना समय आपने बिताया है। ऐसा करने के लिए हमारे पास आज टेक्नोलॉजी नहीं है, लेकिन महज़ यांत्रिकी का मसला है : हम जानते हैं कि ऐसा किया जा सकता है। इस तरह की मशीन तैयार करने की एक पद्धति यह होगी कि अध्याय 6 में हमने जुड़वाँ विरोधाभास के संदर्भ में जिस स्थिति की चर्चा की है, उसे काम में लाया जाए। इस पद्धति में, जिस दौरान आप टाइम मशीन में बैठे होंगे, उसमें विस्फोट होगा और वह लगभग प्रकाश की गति से चलती हुई कुछ देर आगे बढ़ती रहेगी (यह समय इस पर निर्भर करेगा कि आप समय में कितने आगे तक यात्रा करने की इच्छा रखते हैं), और फिर आप वापस लौट आएँगे। आपको इस बात पर आश्चर्य नहीं होना चाहिए कि टाइम मशीन एक अंतरिक्ष यान भी है, क्योंकि सापेक्षता के मुताबिक़, समय और अंतरिक्ष आपस में जुड़े हुए हैं। जो भी हो, जहाँ तक आपका सवाल है, इस पूरी प्रक्रिया के दौरान जिस एकमात्र 'जगह' पर आप होंगे, वह टाइम मशीन के अंदर की जगह होगी। और जब आप बाहर निकलेंगे, तब आप पाएँगे की पृथ्वी पर उससे ज़्यादा समय बीत चुका है, जितना आपने बिताया है। आप भविष्य की यात्रा कर चुके हैं, लेकिन क्या आप पीछे की ओर जा सकते हैं? क्या हम वैसी परिस्थितियाँ पैदा कर सकते हैं, जो समय में पीछे की ओर यात्रा के लिए ज़रूरी होंगी?

इस बात का पहला संकेत कि भौतिकी के नियम लोगों को समय में पीछे की ओर यात्रा करने की गुंजाइश दे सकते हैं, 1949 में सामने आया था, जब कुर्त गोडेल ने आइंस्टाइन के समीकरणों के एक नए हल की खोज की थी; यानी सामान्य सापेक्षता के सिद्धांत द्वारा एक नए अंतरिक्ष-समय की गुंजाइश। ब्रह्मांड के ऐसे बहुत-से तरह-तरह के गणितीय मॉडल हैं, जो आइंस्टाइन के समीकरणों को संतुष्ट करते हैं, लेकिन इसका मतलब यह नहीं है कि वे उस ब्रह्मांड की संगति में हैं, जिसमें हम रहते हैं। वे उदाहरण के लिए, अपने आरंभिक या परिसीमा प्रतिबंधों में भिन्न हैं। यह निर्धारित करने के लिए कि वे हमारे ब्रह्मांड से मेल खा सकते हैं या नहीं, हमारे लिए इन मॉडलों के भौतिक पूर्वानुमानों की जाँच करना अनिवार्य है।

गोडेल एक गणितज्ञ थे, जो इस बात को साबित करने के लिए प्रसिद्ध थे कि सारे सत्य कथनों को सिद्ध करना असंभव है, तब भी जबकि आप ख़ुद को किसी विषय में सारे सत्य कथनों को अंकगणित के रूप में ज़ाहिर तौर पर अपरिवर्तनीय रूप में सिद्ध करने तक सीमित रखें। अनिश्चय के सिद्धांत की ही तरह, गोडेल का अपूर्णता का प्रमेय ब्रह्मांड को समझने और उसका पूर्वानुमान करने की हमारी

क्षमता की बुनियादी सीमा हो सकती है। गोडेल को सामान्य सापेक्षता के बारे में उस वक़्त पता चला था, जब उन्होंने और आइंस्टाइन ने अपने बाद के वर्ष प्रिंस्टन के इंस्टिटट्यूट फ़ॉर एड्वांस्ड स्टडीज़ में बिताए थे। गोडेल के अंतरिक्ष-समय में यह अनूठा गुण था कि संपूर्ण ब्रह्मांड घूम रहा है।

यह कहने का क्या अर्थ है कि संपूर्ण ब्रह्मांड घूम रहा है? घूमने का मतलब है गोल-गोल घूमना, लेकिन क्या इसमें एक स्थिर संदर्भ-बिंदु की धारण निहित नहीं है? इसलिए आप पूछ सकते हैं कि "किस चीज़ के संदर्भ में घूम रहा है?" इसका जवाब किंचित तकनीकी है, लेकिन यह मूलत: यह है कि दूरवर्ती द्रव्य उन दिशाओं के संदर्भ में घूम रहा होगा, जिनकी ओर ब्रह्मांड के भीतर छोटे-छोटे शिखर या जाइरोस्कोप संकेत करते हैं। गोडेल के अंतरिक्ष-समय में इसका एक गणितीय साइड इफ़ैक्ट यह था कि अगर आप पृथ्वी से बहुत अधिक दूर तक की यात्रा करें और फिर वापस लौट आएँ, तो यह संभव होगा कि आप उससे पहले पृथ्वी पर वापस आ जाएँ, जब आप वहाँ से रवाना हुए थे।

उनका यह समीकरण इस संभावना की गुंजाइश दे सकता था, इस बात ने सचमुच आइंस्टाइन को विचलित कर दिया था, जिनका यह सोचना था कि सामान्य सापेक्षता समय की यात्रा की गुंजाइश नहीं देगी, लेकिन बावजूद इसके कि यह आइंस्टाइन के समीकरण को संतुष्ट करता है, उसका जो हल गोडेल ने खोज लिया था, वह उस ब्रह्मांड के अनुरूप नहीं था, जिसमें हम रहते हैं, क्योंकि हमारे पर्यवेक्षण दर्शाते हैं कि हमारा ब्रह्मांड घूम नहीं रहा है, कम-से-कम इतना तो नहीं ही घूम रहा है कि उसको ग़ौर किया जा सके। न ही गोडेल का ब्रह्मांड फैल रहा है, जैसा कि हमारा ब्रह्मांड फैल रहा है। लेकिन, तब के बाद से, आइंस्टाइन के समीकरणों का अध्ययन कर रहे विज्ञानियों ने सामान्य सापेक्षता द्वारा अनुमत ऐसे अंतरिक्ष-समय खोजे हैं, जो अतीत में यात्रा की इजाज़त देते हैं, लेकिन माइक्रोवेव पृष्ठभूमि के पर्यवेक्षण और हाइड्रोज़न और हीलियम जैसे तत्त्वों की प्रचुरता संकेत करते हैं कि इन मॉडलों को समय में यात्रा के लिए जिस तरह की वक्रता आवश्यक है, आरंभिक ब्रह्मांड में उस तरह की वक्रता नहीं थी। अगर सीमा-रहित होने का प्रस्ताव सही है, तो यही निष्कर्ष सैद्धांतिक ज़मीन पर भी निकलता है। इसलिए सवाल यह है : अगर ब्रह्मांड की शुरुआत उस तरह की वक्रता के बिना हुई थी, जो समय में यात्रा के लिए आवश्यक है, तब क्या हम बाद में अंतरिक्ष-समय के स्थानीय क्षेत्रों को इतना पर्याप्त ढंग से मोड़ सकते हैं कि वह हमें ऐसी यात्रा की गुंजाइश दे सके?

इसके अतिरिक्त, चूँकि समय और अंतरिक्ष आपस में जुड़े हुए हैं, आपको इस बात से आश्चर्य नहीं होना चाहिए कि समय में पीछे की ओर यात्रा के सवाल से निकटता के साथ जुड़ी समस्या इस सवाल की है कि आप प्रकाश से ज़्यादा तेज़

गति से यात्रा कर सकते हैं या नहीं। इस बात को देख पाना आसान है कि समय की यात्रा का अर्थ है प्रकाश-से-तेज़ यात्रा : अपने सफ़र के आख़िरी दौर में समय में पीछे की ओर यात्रा कर आप अपना कुल सफ़र मनमाफ़िक कम-से-कम समय में पूरा कर सकते हैं, इसलिए आप असीमित रफ़्तार से यात्रा कर सकेंगे! लेकिन, जैसा कि हम देखेंगे, इसका उलटा भी सही है : अगर आप असीमित रफ़्तार से यात्रा कर सकते हैं, तो आप समय में पीछे की ओर यात्रा भी कर सकते हैं। एक के बिना दूसरी चीज़ संभव नहीं है।

प्रकाश-से-तेज़-गति की यात्रा का मुद्दा एक ऐसी समस्या है, जो विज्ञान-कथा के लेखकों के लिए काफ़ी चिंता का विषय रही है। उनकी समस्या यह है कि, सापेक्षता के मुताबिक़, अगर हम अपने सबसे निकट के पड़ोसी नक्षत्र प्रॉक्सिमा सेंटॉरी पर कोई अंतरिक्ष यान भेजते हैं, जो लगभग चार प्रकाश-वर्ष दूर है, तो उसे कम-से-कम आठ वर्ष लग जाएँगे, तब कहीं हम अपने अंतरिक्ष यात्रियों के वापस लौटने और उनसे यह जानने की उम्मीद कर सकेंगे कि उन्होंने वहाँ क्या देखा। और अगर यही यात्रा हमारे नक्षत्र-पुंज के मध्य की हुई, तो उन्हें वापस लौटने में कम-से-कम सौ हज़ार वर्ष लग जाएँगे। अगर आप अंतरनक्षत्रपुंजीय युद्ध के बारे में लिखना चाहते हैं, तो यह अच्छी स्थिति नहीं है! तब भी, सापेक्षता का सिद्धांत एक साँत्वना तो देता ही है, जो पुन: अध्याय 6 में जुड़वाँ विरोधाभास पर की गई चर्चा के अनुरूप है : यह संभव है कि यह सफ़र अंतरिक्ष यात्रियों के लिए उन लोगों से छोटा लगे, जो पृथ्वी पर बने रहें, लेकिन यह कोई बहुत ज़्यादा आनंददायी स्थिति नहीं होगी कि आप कुछ साल बढ़ी हुई उम्र के साथ अंतरिक्ष यात्रा से लौटें और पाएँ कि जिन्हें आप छोड़ गए थे, वे हज़ारों साल पहले मर-खप चुके हैं। इसलिए अपनी कहानियों में इंसानों की दिलचस्पी बनाए रखने के लिए, विज्ञान-कथा लेखकों को यह कल्पना करनी पड़ती है कि एक दिन हम वह तरीक़ा ढूँढ निकालेंगे कि प्रकाश से तेज़ रफ़्तार से यात्रा कैसे की जाए। लगता है कि इनमें से ज़्यादातर लेखकों को इस बात का अहसास नहीं है कि अगर आप प्रकाश से ज़्यादा रफ़्तार से यात्रा कर सकते हैं, तो सापेक्षता के सिद्धांत से यह अभिप्राय भी निकलता है कि आप समय में पीछे की ओर भी यात्रा कर सकते हैं, जैसा कि नीचे अंकित तुक्तक में कहा गया है :

There was a young lady of Wight
Who travelled much faster than light.
She departed one day,
In a relative way,
And arrived on the previous night.

इस सूत्र की कुंजी यह है कि सापेक्षता का सिद्धांत सिर्फ़ यह नहीं कहता कि समय का ऐसा कोई अनूठा माप नहीं है, जिस पर सारे पर्यवेक्षक सहमत होंगे, बल्कि यह कि कुछ निश्चित परिस्थितियों में पर्यवेक्षकों को घटनाओं के क्रम पर सहमत होने की भी ज़रूरत नहीं है, ख़ास तौर से, अगर 'क' और 'ख' नामक दो घटनाएँ स्पेस में एक-दूसरे से इतनी दूर घटित होती हैं कि एक घटना से दूसरी घटना तक पहुँचने के लिए एक रॉकेट को प्रकाश की गति से ज़्यादा तेज़ रफ़्तार से यात्रा करना अनिवार्य है, तब भिन्न रफ़्तारों से यात्रा कर रहे दो पर्यवेक्षक इस बात पर असहमत हो सकते हैं कि 'क' घटना 'ख' से पहले हुई थी, या 'ख' घटना 'क' घटना से पहले हुई थी। उदाहरण के लिए, कल्पना कीजिए कि घटना 'क' 2012 के ओलंपिक खेलों की फ़ाइनल सौ मीटर दौड़ की समाप्ति है और घटना 'ख' कॉंग्रेस ऑफ़ प्रॉक्सिमा सेंटॉरी की 100,004 वीं बैठक की शुरुआत है। कल्पना कीजिए कि पृथ्वी के किसी पर्यवेक्षक के लिए घटना 'क' पहले होती है, और फिर घटना 'ख' होती है। मान लीजिए कि 'ख' घटना पृथ्वी के समय के हिसाब से एक वर्ष बाद, 2013 में हुई। चूँकि पृथ्वी और प्रॉक्सिमा सेंटॉरी एक-दूसरे से कोई चार प्रकाश-वर्ष दूर है, तब ये दोनों घटनाएँ उपरोक्त मापदंड को संतुष्ट करती हैं : यद्यपि घटना 'क' घटना 'ख' के पहले होती है, लेकिन 'क' से 'ख' तक पहुँचने के लिए आपको प्रकाश से भी तेज़ गति से यात्रा करनी होगी। तब, पृथ्वी से लगभग प्रकाश की गति से दूर जा रहे प्रॉक्सिमा सेंटॉरी पर मौजूद पर्यवेक्षक के लिए लगेगा जैसे घटनाओं का क्रम उलट गया है : लगता है, जैसे घटना 'ख' घटना 'क' के पहले हुई थी। यह पर्यवेक्षक कहेगा कि अगर आप प्रकाश से तेज़ रफ़्तार से बढ़ सकते हैं, तो घटना 'ख' से घटना 'क' तक पहुँचना मुमकिन है। दरअसल, अगर आप वाक़ई तेज़ रफ़्तार से गए होंगे, तो आप दौड़ शुरू होने के पहले 'क' से प्रॉक्सिमा सेंटॉरी पर जा सकते हैं और इस पुख़्ता जानकारी के साथ कि किसकी जीत होगी, इस दौड़ पर दाँव लगा सकते हैं!

प्रकाश-की-गति के अवरोध को तोड़ने में एक समस्या है। सापेक्षता का सिद्धांत कहता है कि अंतरिक्ष यान को गतिशील रखने के लिए किसी रॉकेट को जितनी शक्ति की ज़रूरत होती है, वह शक्ति रॉकेट के प्रकाश की गति के क़रीब पहुँचने के साथ बढ़ती चली जाती है। हमारे पास इसका प्रायोगिक साक्ष्य है। अंतरिक्ष यान के साथ किए गए प्रयोग का नहीं, बल्कि यूरोपियन सेंटर फ़ॉर न्यूक्लियर रिसर्च (सर्न) के पार्टिकल एक्सेलरेटर्स में एलिमेंटरी पार्टिकल के साथ किए गए प्रयोग का। हम कणों (पार्टिकल्स) को प्रकाश की गति के 99.99 प्रतिशत तक गतिशील कर सकते हैं, लेकिन हम उनमें कितनी ही शक्ति क्यों न झोंक दें, उन्हें प्रकाश की गति के अवरोध के परे नहीं ले जा सकते। यही स्थिति अंतरिक्ष यानों के साथ है : उनमें कितनी ही रॉकेट शक्ति क्यों न हो, वे प्रकाश की गति से

तेज़ रफ़्तार से गतिशील नहीं हो सकते। और चूँकि समय में पीछे की ओर यात्रा तभी संभव है, जब प्रकाश-से-ज़्यादा-तेज़-गति से यात्रा संभव हो, यह शर्त तीव्र गति की स्पेस की यात्रा और समय में पीछे की ओर यात्रा, दोनों की संभावनाओं को ख़ारिज करती लगती है।

लेकिन, एक उपाय संभव है। हो सकता है कि आप अंतरिक्ष-समय को इस तरह मोड़ दें कि 'क' और 'ख' के बीच एक शॉर्ट-कट तैयार हो जाए। इसे करने का एक तरीक़ा 'क' और 'ख' के बीच एक वर्महोल (केंचुएनुमा सूराख़) कर देना होगा। जैसा कि इसके नाम से ज़ाहिर है, वर्महोल अंतरिक्ष-समय की एक पतली नली है, जो एक-दूसरे से दूर, दो लगभग सपाट क्षेत्रों को जोड़ सकती है। यह कुछ-कुछ किन्हीं ऊँची चोटी वाले पर्वतों के नीचे होने जैसी स्थिति है। पहाड़ी के दूसरी तरफ़ जाने के लिए सामान्यत: आपको लंबी दूरी तक ऊँचाई पर चढ़ना होता है और फिर उतरना होता है, लेकिन चढ़ने-उतरने का यह काम आपको तब नहीं करना होता अगर पर्वत की चट्टानों को आड़ा काटता हुआ एक विशाल सूराख़ होता। आप ऐसे सूराख़ को रचने या ढूँढ निकालने की कल्पना कर सकते हैं, जो हमारे सौरमंडल के पास से प्रॉक्सिमा सेंटॉरी तक जाता हो। सूराख़ के रास्ते की दूरी महज़ कुछ लाख मील की हो सकती है, बावजूद इसके कि पृथ्वी और प्रॉक्सिमा सेंटॉरी सामान्य स्पेस के मानक से दस खरब मील दूर हैं। अगर हम इस सूराख़ के रास्ते सौ मीटर की दौड़ की ख़बर प्रसारित करें, तो उसके पास सम्मेलन के शुभारंभ से पहले वहाँ तक पहुँचने के लिए ढेर सारा समय होगा, लेकिन उस सूरत में पृथ्वी की ओर जाते पर्यवेक्षक को एक और सूराख़ खोजना चाहिए, जिससे वह प्रॉक्सिमा सेंटॉरी पर सम्मेलन के शुभारंभ के बाद पृथ्वी पर दौड़ शुरू होने के पहले लौट सके। इस तरह प्रकाश से तेज़ गति से यात्रा के किसी भी दूसरे संभावित रूप की भाँति, सूराख़ आपको अतीत की यात्रा की गुंजाइश देगा।

अंतरिक्ष-समय के विभिन्न क्षेत्रों के बीच सूराख़ को विज्ञान-कथा लेखकों ने ईजाद नहीं किया है; यह अत्यंत सम्मानित स्रोत से आई चीज़ है। 1935 में आइंस्टाइन और नेथन रोज़ेन ने एक लेख लिखा था, जिसमें उन्होंने दर्शाया था कि सामान्य सापेक्षता में उस चीज़ की गुंजाइश निहित है, जिसे उन्होंने पुल की संज्ञा दी थी, लेकिन जिन्हें अब सूराख़ों (वर्महोल) के नाम से जाना जाता है। आइंस्टाइन-रोज़ेन के पुल इतनी ज़्यादा देर तक टिकने वाले साबित नहीं हुए कि अंतरिक्ष यान उनसे होकर गुज़र पाता : जैसे ही उस सूराख़ में संकुचन होगा, अंतरिक्ष यान का सामना अंतहीन सघनता से हो जाएगा, लेकिन ऐसा कहा गया था कि हो सकता है कि किसी अत्यंत उन्नत सभ्यता के लिए उस वर्महोल को खुला रखना संभव हो सके। ऐसा करने के लिए या अंतरिक्ष-समय को कोई ऐसा दूसरा मोड़ देने के

लिए ताकि वह समय की यात्रा की गुंजाइश दे, आप दर्शा सकते हैं कि आपको अंतरिक्ष-समय के ऐसे क्षेत्र की ज़रूरत है, जिसका वक्र गोलक की सतह की तरह ऋणात्मक हो। इस तरह, अंतरिक्ष-समय को इस तरह का घुमाव देने के लिए कि वह अतीत में यात्रा की गुंजाइश दे सके, हमें एक ऐसे द्रव्य की ज़रूरत है, जिसमें ऋणात्मक ऊर्जा घनत्व (नेगेटिव एनर्जी डेंसिटी) हो।

ऋणात्मक ऊर्जा घनत्व होने का क्या मतलब है? ऊर्जा कुछ-कुछ पैसे की तरह होती है : अगर आपके पास पॉज़िटिव बैलेंस (ऐसा पैसा, जिसके विरुद्ध आपको कोई उधारी नहीं चुकानी) है, तो आप उसे कई तरह से वितरित कर सकते हैं, लेकिन एक सदी पहले हम जिन पारंपरिक नियमों में विश्वास करते थे, उनके मुताबिक़, आपको अपने बैंक अकाउंट से अधिक राशि निकालने की छूट नहीं थी। इसलिए इन पारंपरिक नियमों ने ऋणात्मक ऊर्जा घनत्व और इसलिए समय में पीछे की ओर यात्रा की किसी भी संभावना को ख़ारिज कर दिया होता, लेकिन जैसा कि पिछले अध्यायों में कहा जा चुका है, इन पारंपरिक नियमों की जगह अनिश्चितता के सिद्धांत पर आधारित क़्वांटम नियमों ने ले ली है। क़्वांटम नियम कहीं ज़्यादा उदार हैं और वे आपको एक या दो अकाउंट्स पर अधिक पैसा निकालने की छूट देते हैं, बशर्ते कि आपका समग्र बैलेंस पॉज़िटिव हो। दूसरे शब्दों में, क़्वाटम सिद्धांत कुछ स्थलों पर ऊर्जा के घनत्व के ऋणात्मक होने की छूट देता है, बशर्ते कि दूसरी जगहों पर धनात्मक ऊर्जा घनत्व उसकी क्षतिपूर्ति करता हो, ताकि समग्र ऊर्जा धनात्मक बनी रह सके। इसलिए हमारे पास यह मानने का पर्याप्त कारण है कि अंतरिक्ष-समय को मोड़ा जा सकता है और उसे समय में यात्रा की गुंजाइश के लिए आवश्यक वक्र रूप दिया जा सकता है।

फ़ेनमैन के सम ओवर हिस्ट्रीज़ के मुताबिक़, अतीत में समय की यात्रा एक तरह से एकल कणों के पैमाने पर घटित होती है। फ़ेनमैन की पद्धति में समय में आगे की ओर जाता हुआ एक साधारण कण समय में पीछे की ओर जाते हुए एक प्रतिकण (एंटीपार्टिकल) के बराबर होता है। उनके गणित में, आप कण/प्रतिकण जोड़े को, जिनकी रचना एक साथ हुई होती है और जिनका विनाश एक-दूसरे के हाथों हो जाता है, अंतरिक्ष-समय की कुंडली में गतिशील एकल कण के रूप में देख सकते हैं। इसे समझने के लिए, पहले प्रक्रिया के पारंपरिक ढंग की कल्पना करें। एक निश्चित समय पर – मान लीजिए 'क' समय पर – कण और प्रतिकण की रचना होती है। दोनों समय में आगे की ओर गतिशील होते हैं। फिर बाद में, 'ख' समय में, वे अंत:क्रिया करते हैं, और एक-दूसरे को नष्ट कर देते हैं। 'क' के पहले और 'ख' के बाद, दोनों में से एक भी कण का अस्तित्व नहीं है। लेकिन फ़ेनमैन के अनुसार, इसे आप भिन्न ढंग से देख सकते हैं। 'क' पर एक एकल कण की रचना

होती है। वह समय में आगे 'ख' की ओर गतिशील होता है, फिर समय में 'क' पर लौट आता है। कण और प्रतिकण के एक साथ समय में आगे की ओर गतिशील होने की बजाय, महज़ एक ही वस्तु 'कुंडली' 'क' से 'ख' की ओर जाती है और वापस लौट आती है। जब वस्तु समय में आगे की ओर ('क' से 'ख' की ओर) गतिशील हो रही होती है, तब उसे कण कहा जाता है, लेकिन जब वही वस्तु समय में पीछे की ओर ('ख' से 'क' की ओर) यात्रा कर रही होती है, तो वह समय में आगे की ओर यात्रा करते प्रतिकण जैसी प्रतीत होती है।

इस तरह की समय-यात्रा पर्यवेक्षणीय प्रभाव पैदा कर सकती है। उदाहरण के लिए, मान लीजिए कि कण/प्रतिकण के जोड़े का एक सदस्य (मान लीजिए, प्रतिकण) किसी ब्लैकहोल में गिर जाता है, और अपने पीछे दूसरे सदस्य को बिना उस साथी के छोड़ जाता है, जो उसका विनाश कर सके। त्याग दिया गया कण भी ब्लैक होल में गिर सकता है, लेकिन वह ब्लैक होल के इलाक़े से बचकर निकल भी सकता है। अगर ऐसा होता है, तो दूर बैठे पर्यवेक्षक के लिए वह ब्लैक होल से विकीर्ण कण जैसा प्रतीत होगा, लेकिन, आपके पास ब्लैक होल से होने वाले विकिरण के लिए मैकेनिज़्म की एक भिन्न, किन्तु समकक्ष तसवीर भी हो सकती है। जो सदस्य (मान लीजिए, प्रतिकण) ब्लैक होल में गिरा है, उसे आप ब्लैक होल से बाहर समय में पीछे की ओर यात्रा करते कण की तरह भी देख सकते हैं। जब वह उस बिंदु पर पहुँचता है, जहाँ कण/प्रतिकण जोड़ा एक साथ प्रकट हुआ था, वह ब्लैक होल के गुरुत्वाकर्षी क्षेत्र के प्रभाव में एक कण में बिखरकर ब्लैक होल से भागकर समय में आगे की ओर यात्रा करने लगता है। या अगर इसकी बजाय अगर वह जोड़े का वह सदस्य है, जो ब्लैक होल में गिरा था, तो आप उसे समय में पीछे की ओर यात्रा करते और ब्लैक होल से बाहर आते प्रतिकण की तरह देख सकते हैं। इस तरह ब्लैक होल्स का विकिरण दर्शाता है कि क्वांटम सिद्धांत सूक्ष्मदर्शी पैमाने पर समय में पीछे की ओर यात्रा की गुंजाइश देता है।

इसलिए हम पूछ सकते हैं कि क्या क्वांटम सिद्धांत इस संभावना की गुंजाइश देता है कि जब हम विज्ञान और टेक्नोलॉजी में प्रगति कर लेंगे, तो हम अंतत: टाइम मशीन तैयार कर सकेंगे? पहली नज़र में, ऐसा लगता है कि यह संभव हो सकना चाहिए। फ़ेनमैन के सम ओवर हिस्ट्रीज़ प्रस्ताव से समग्र इतिहास (ओवर ऑल हिस्ट्रीज़) होने की अपेक्षा की जाती है। इसलिए उसे उन इतिहासों को भी शामिल करना चाहिए, जिनमें अंतरिक्ष-समय इस तरह मुड़ा हुआ है कि अतीत में यात्रा करना मुमकिन है। तब भी, भले ही भौतिकी के ज्ञात नियम समय की यात्रा की संभावना को ख़ारिज करते प्रतीत नहीं होते, ऐसी दूसरी वजह हैं, जिनसे यह सवाल उठाया जा सकता है कि क्या यह मुमकिन है। एक सवाल यह है : अगर अतीत में

यात्रा करना संभव है, तो कोई व्यक्ति भविष्य से वापस आकर हमें यह क्यों नहीं बताता कि यह कैसे किया जाए? इस बात की ठीक वजह हो सकती हैं कि विकास की हमारी मौजूदा आदिम अवस्था में समय की यात्रा के रहस्य बताना अक़्लमंदी नहीं होगी, लेकिन अगर मानव स्वभाव आमूल-चूल नहीं बदल जाता, तो यह विश्वास करना मुश्किल है कि भविष्य का कोई आगंतुक भेद नहीं खोल देगा। बेशक, कुछ लोग दावा करेंगे कि यूएफ़ओ का दिखाई देना इस बात का प्रमाण है कि या तो किसी दूसरे ग्रह-नक्षत्रों के लोग या भविष्य के लोग हमसे मिलने आते हैं। (दूसरे नक्षत्रों की विराट दूरी को देखते हुए, अगर वहाँ के लोगों को उचित समय पर हमारे पास पहुँचना है, तो उन्हें प्रकाश-से-भी-तेज़-गति से यात्रा करनी होगी, इसलिए दोनों संभावनाएँ समान हो सकती हैं।) भविष्य के आगंतुकों की अनुपस्थिति की व्याख्या करने का एक संभावित तरीक़ा यह होगा कि यह कहा जाए कि अतीत निर्धारित है, क्योंकि हमने ग़ौर किया है और देखा है कि उसमें उस तरह का घुमाव नहीं है, जो भविष्य से वापस लौटने के लिए ज़रूरी होता है। दूसरी ओर, भविष्य अज्ञात और खुला हुआ है, इसलिए उसमें आवश्यक वक्रता होगी। इसका मतलब होगा कि समय की कोई भी यात्रा भविष्य तक सीमित होगी। इसकी कोई संभावना नहीं होगी कि कैप्टन किर्क और नक्षत्र यान *एंटरप्राइज़* वर्तमान समय में आ पहुँचें।

इससे इस बात की व्याख्या तो मिल सकती है कि ऐसा क्यों है कि भविष्य के पर्यटकों ने अब तक हमारा अतिक्रमण नहीं किया है, लेकिन इससे एक दूसरे क़िस्म की समस्या से बच पाना संभव नहीं होगा, जो तब पैदा होती है, जब वापस जाकर इतिहास को बदल देना संभव हो : हम इतिहास से परेशान क्यों नहीं हैं? उदाहरण के लिए, मान लीजिए, किसी ने वापस जाकर नाजियों को परमाणु बम का रहस्य बता दिया होता, या इससे पहले कि आपके परदादा के दादा के बच्चे होते, आपने वापस जाकर उनकी हत्या कर दी होती। इस विरोधाभास के कई प्रारूप हैं, लेकिन वे मूलत: समतुल्य हैं : अगर हमें अतीत को बदलने की आज़ादी मिल जाए, तो अंतर्विरोधों से ही हमारा सामना होगा।

समय-यात्रा जो विरोधाभास पेश करती है, उसके दो संभावित समाधान दीखते हैं। इनमें से एक को संगत इतिहासों का दृष्टिकोण (कॅन्सिस्टेंट हिस्ट्रीज़ अप्रोच) की संज्ञा दी जा सकती है। यह दृष्टिकोण कहता है कि बावजूद इसके कि अंतरिक्ष-समय इस तरह मुड़ा हुआ है कि समय में यात्रा करना मुमकिन है, अंतरिक्ष-समय में जो कुछ भी होता है, उसे भौतिकी के नियमों का संगत समाधान होना चाहिए। दूसरे शब्दों में, इस दृष्टिकोण के मुताबिक़, आप उसी सूरत में समय में वापस जा सकेंगे, जब इतिहास पहले ही यह दर्शा चुका होगा कि आप वापस गए थे और, जब वहाँ थे, तब आपने अपने परदादा के पिता की हत्या नहीं की

थी या ऐसे कोई कृत्य नहीं किए थे, जो इस इतिहास के विरोध में हों कि आप वर्तमान में अपनी मौजूदा स्थिति तक कैसे पहुँचे। इसके अतिरिक्त, जब आप वापस जाएँगे, तो आप लिखित इतिहास को बदलने की स्थिति में नहीं होंगे; आप महज़ उसका अनुसरण कर रहे होंगे। इस दृष्टिकोण के मुताबिक़, इतिहास और भविष्य पहले से तय हैं : आपके पास ऐसी स्वतंत्र इच्छा-शक्ति नहीं होगी कि आप जो चाहें, वह कर सकें।

बेशक, आप कह सकते हैं कि स्वतंत्र इच्छा-शक्ति वैसे भी एक भ्रम है। अगर वाक़ई भौतिकी का कोई ऐसा संपूर्ण सिद्धांत है, जो हर चीज़ का नियमन करता है, तो उसे संभवत: आपके कृत्यों का नियमन भी करना चाहिए, लेकिन यह काम वह इस तरह करता है कि मनुष्य जैसे जटिल प्राणी को उसका आकलन कर पाना असंभव है, और क्वांटम मैकेनिकल प्रभावों की वजह से उसमें कुछ निश्चित क़िस्म की बेतरतीबियाँ होती हैं। इसलिए उसे देखने का एक तरीक़ा यह है कि हम कहें कि मनुष्यों में स्वतंत्र इच्छा-शक्ति होती है, क्योंकि हम इसका पूर्वानुमान नहीं कर सकते कि वे क्या करेंगे, लेकिन, अगर एक मनुष्य किसी रॉकेट यान में जाता है और रवाना होने से पहले ही लौट आता है, तो हम पूर्वानुमान कर सकेंगे कि वह क्या करेगा, क्योंकि वह दर्ज इतिहास का हिस्सा होगा। इस तरह, उस स्थिति में, समय की यात्रा करने वाले की किसी भी अर्थ में कोई स्वतंत्र इच्छा-शक्ति नहीं होगी।

समय की यात्रा के विरोधाभास को हल करने का एक अन्य संभावित तरीक़ा वह होगा, जिसे वैकल्पिक इतिहासों की परिकल्पना (ऑल्टरनेटिव हिस्ट्रीज़ हाइपोथीसिस) कहा जा सकता है। इसमें विचार यह है कि जब समय के यात्री अतीत में वापस जाते हैं, तो वे उन वैकल्पिक इतिहासों में प्रवेश करते हैं, जो दर्ज किए गए इतिहास से भिन्न होते हैं। इस तरह वे अपने पिछले इतिहास के साथ संगति बैठाने से मुक्त होकर स्वतंत्र ढंग से आचरण कर सकते हैं। स्टीफ़न स्पिलबर्ग ने अपनी फ़िल्म *बैक टू द फ़्यूचर* में इस धारणा के साथ क्रीड़ा की है : मार्टी मैक़लाई वापस जाकर अपने माँ-बाप के विवाह-पूर्व मेलजोल को कुछ इस तरह बदलने में सक्षम थी कि उनका इतिहास अधिक संतोषजनक होता।

वैकल्पिक इतिहासों की परिकल्पना कुछ-कुछ रिचर्ड फ़ेनमैन द्वारा क्वांटम सिद्धांत को सम ओवर हिस्ट्रीज़ के रूप में व्यक्त करने से मेल खाती है, जिसका वर्णन अध्याय 9 में किया गया है। इसका कहना था कि ब्रह्मांड का महज़ एक इतिहास नहीं है; इसकी बजाय, इसके हरसंभव इतिहास हैं, जिनमें से हरेक की अपनी संभावनाएँ हैं, लेकिन फ़ेनमैन के प्रस्ताव और वैकल्पिक इतिहासों के बीच एक महत्त्वपूर्ण फ़र्क़ दिखाई देता है। फ़ेनमैन के योग में, हर इतिहास संपूर्ण

अंतरिक्ष-समय और उसकी हर चीज़ अंतर्निहित है। अंतरिक्ष-समय इस तरह मुड़ा हुआ हो सकता है कि रॉकेट में सवार होकर अतीत में यात्रा की जा सकती है, लेकिन रॉकेट उसी अंतरिक्ष-समय और इसलिए उसी इतिहास में बना रहेगा, जिसका सुसंगत होना ज़रूरी होगा। इस तरह फ़ेनमैन का सम ओवर हिस्ट्रीज़ का प्रस्ताव, वैकल्पिक इतिहासों की धारणा की बजाय, सुसंगत इतिहासों की परिकल्पना का समर्थन करता प्रतीत होता है।

अगर हम उस चीज़ को अपना सकें, जिसे हम कालक्रम संरक्षण अटकल (क्रोनोलॉजी प्रोटेक्शन कंजेक्चर) की संज्ञा दे सकते हैं, तो हम इन समस्याओं को टाल सकते हैं। यह अटकल कहती है कि भौतिकी के नियम स्थूल पिंडों को अतीत में सूचनाएँ ले जाने से रोकने के लिए षड्यंत्र करते हैं। यह अटकल सत्य साबित नहीं हुई है, लेकिन उसकी सच्चाई में विश्वास करने की वजह है। वजह यह है कि जब अंतरिक्ष-समय इतना पर्याप्त मुड़ा हुआ होता है कि उसमें समय की यात्रा संभव हो सके, तो क़्वांटम सिद्धांत में प्रयुक्त गणनाएँ यह दर्शाती हैं कि बंद कुंडलियों में चक्कर लगाने वाले कण-प्रतिकण के जोड़े इतनी बड़ी तादाद में ऊर्जा के घनत्व रच सकते हैं कि उनसे अंतरिक्ष-समय को धनात्मक वक्रता मिल सकती है, जो घुमावों का प्रतिरोध करती है। ये घुमाव समय में यात्रा की गुंजाइश देते हैं, क्योंकि यह बात स्पष्ट नहीं है कि क्या ऐसा है, इसलिए समय में यात्रा की संभावना खुली हुई है, लेकिन इस पर दाँव मत लगा बैठिए। आपके प्रतिद्वंद्वी को भविष्य को जानने का नाजायज़ फ़ायदा मिल सकता है।

11

प्रकृति की शक्तियाँ और भौतिकी का एकीकरण

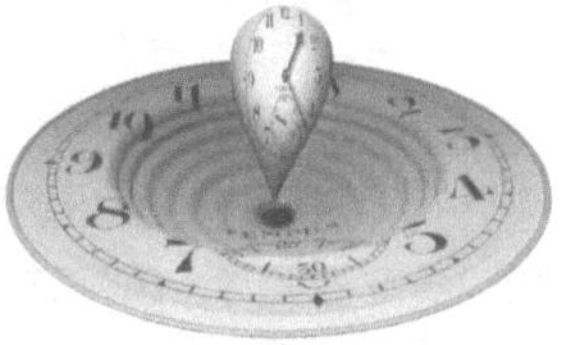

जैसा कि अध्याय 3 में स्पष्ट किया गया था, एक बार में ब्रह्मांड की हर चीज़ के लिए एक संपूर्ण एकीकृत सिद्धांत गढ़ना बहुत मुश्किल होगा। इसलिए हम उन आंशिक सिद्धांतों की खोज करते हुए जो घटनाओं के एक सीमित दायरे का निरूपण करते हैं और दूसरे प्रभावों की उपेक्षा करते हुए या कुछ ख़ास संख्याओं के सहारे उनका क़रीबी अनुमान लगाते हुए आगे बढ़ते रहे हैं। विज्ञान के नियमों को जिन रूपों में हम आज जानते हैं, उनमें वे बहुत-सी संख्याएँ समाहित किए हुए हैं - उदाहरण के लिए, इलेक्ट्रॉन के विद्युत आवेश का आकार और प्रोटॉन और इलेक्ट्रॉन के द्रव्यमान के अनुपात - जिनका हम, फ़िलहाल, सिद्धांत के आधार पर पूर्वानुमान नहीं कर सकते। इसकी बजाय, हमें पर्यवेक्षण के सहारे उनका पता लगाना होता है और फिर उन्हें समीकरणों में पिरोना होता है। कुछ लोग इन संख्याओं को बुनियादी स्थिरांक (फ़ंडामेंटल कॉन्स्टेंट) कहते हैं; दूसरे लोग इन्हें फ़ज फ़ैक्टर्स कहते हैं।

आप जो भी दृष्टिकोण अपनाएँ, महत्त्वपूर्ण तथ्य यह है कि इन संख्याओं का मान कुछ इतने सुंदर ढंग से समायोजित किया गया लगता है कि वे जीवन के विकास को संभव बनाते हैं। उदाहरण के लिए, अगर इलेक्ट्रॉन का विद्युत आवेश मात्र हल्का-सा भिन्न रहा होता, तो इसने नक्षत्रों के विद्युत-चुंबकीय और गुरुत्वाकर्षी क्षेत्र के संतुलन को तबाह कर दिया होता, और या तो वे हाइड्रोज़न और हीलियम को जला नहीं पाते या फिर उनमें विस्फोट न हुआ होता। दोनों ही स्थितियों में जीवन का अस्तित्व न होता। अंततः हम एक ऐसा संपूर्ण, सुसंगत सिद्धांत खोज पाने की उम्मीद करेंगे, जो इन सारे आंशिक सिद्धांतों को निकटतम अनुमानों के रूप में शामिल करेगा और जिसे यादृच्छिक संख्याओं (आर्बिट्रेरी नंबर्स) के मूल्यों, जैसे कि इलेक्ट्रॉन चार्ज की शक्ति को उठाकर तथ्यों को सिद्धांत में फिट करने के लिए समायोजित करने की ज़रूरत नहीं पड़ेगी।

इस तरह के सिद्धांत की खोज को भौतिकी के एकीकरण के नाम से जाना जाता है। आइंस्टाइन ने अपनी ज़िंदगी के बाद के ज़्यादातर वर्ष एक एकीकृत सिद्धांत की विफल खोज में बिताए थे, लेकिन वह समय उस योग्य नहीं हुआ था : उस समय गुरुत्वाकर्षण और विद्युत-चुंबकीय बलों के आंशिक सिद्धांत थे, लेकिन परमाणुविक बलों के बारे में बहुत कम जानकारी उपलब्ध थी। इसके अलावा, जैसा कि अध्याय 9 में उल्लेख किया गया है, आइंस्टाइन ने क्वांटम मैकेनिक्स की वास्तविकता में विश्वास करने से इंकार कर दिया था। तब भी, ऐसा लगता है कि अनिश्चय का सिद्धांत उस ब्रह्मांड का एक बुनियादी लक्षण है, जिसमें हम रहते हैं। इसलिए, एक सफल एकीकृत सिद्धांत को इस सिद्धांत का समावेश करना ही चाहिए।

इस तरह का सिद्धांत खोजने की संभावनाएँ आज ज़्यादा बेहतर लगती हैं, क्योंकि आज हम ब्रह्मांड के बारे में बहुत ज़्यादा जानते हैं, लेकिन हमें अतिरिक्त आत्मविश्वास से सावधान रहने की ज़रूरत है – हम पहले ग़लत निष्कर्ष निकाल चुके हैं! उदाहरण के लिए, बीसवीं सदी के आरंभ में, ऐसा सोचा जाता था कि सतत द्रव्य (कंटीन्युअस मैटर) के गुण-धर्मों, जैसे कि लोच और ताप प्रवाहकत्व (इलास्टिसिटी और हीट कंडक्शन) की पदावली में सब कुछ समझाया जा सकता है। आणुविक संरचना और अनिश्चय के सिद्धांत की खोज ने इस विश्वास को ज़ोरदार ढंग से तोड़ दिया, फिर 1928 में भौतिक विज्ञानी और नोबेल पुरस्कार विजेता मैक्स बॉर्न ने गोटिंगन यूनिवर्सिटी में आए अध्येताओं के एक दल से कहा कि ''जिस भौतिकी को हम जानते हैं, वह छह महीनों के भीतर समाप्त हो जाएगी।'' उनका यह आत्मविश्वास डिराक द्वारा तब हाल ही में की गई उस समीकरण की खोज पर आधारित था, जो इलेक्ट्रॉन को नियंत्रित करती थी। ऐसा समझा जाता था कि उसी तरह का समीकरण उस प्रोटॉन को नियंत्रित करेगा, जो उस समय ज्ञात एकमात्र अन्य कण (पार्टिकल) था, और उसी के साथ सैद्धांतिक भौतिकी समाप्त हो जाएगी, लेकिन न्यूट्रॉन और परमाणुविक बलों की खोज ने उसका भी अंत कर दिया। इतना कहने के बाद भी, इस सतर्क आशावाद के लिए आधार उपलब्ध है कि हम प्रकृति के चरम नियमों की अपनी खोज के आख़िरी पड़ाव पर हो सकते हैं।

क्वांटम मैकेनिक्स में बलों या पदार्थ के कणों के बीच की अंत:क्रिया कणों से अपेक्षित होती है। होता यह है कि पदार्थ का कोई एक कण, जैसे कि इलेक्ट्रॉन या क्वार्क, कण को धारण करने वाले बल को उत्सर्जित करता है। इस उत्सर्जन का प्रतिक्षेप पदार्थ के कण की गति को बदल देता है, ठीक उसी वजह से, जिससे कोई तोपगोला दागने के बाद पीछे की ओर झटका खाती है। तब बल को धारण करता

कण एक अन्य पदार्थ-कण से भिड़ जाता है और सोख लिया जाता है, जिससे उस कण की गति बदल जाती है। इस उत्सर्जन और सोखे जाने का परिणाम बिलकुल वही होता है, जैसे दो पदार्थ-कणों के बीच कोई बल रहा हो।

प्रत्येक बल अपने विशिष्ट क़िस्म के बलधारी कण से प्रसारित होता है। अगर बलधारी कण में उच्च द्रव्यमान होगा, तो उन्हें उत्पन्न करना और लंबी दूरी पर उनका विनिमय करना मुश्किल होगा, इसलिए वे जिन बलों को धारण करते हैं, उनका दायरा छोटा होता है। दूसरी ओर, अगर बलधारी कणों का अपना कोई द्रव्यमान नहीं होगा, तो बल लंबी दूरी के होंगे। पदार्थ कणों के बीच विनिमय किए गए बलधारी कणों के बारे में माना जाता है कि वे आभासी (वर्चुअल) कण होते हैं, क्योंकि, वास्तविक कणों से भिन्न, कण डिटेक्टर द्वारा उनका सीधे-सीधे पता नहीं लगाया जा सकता, हालाँकि हम जानते हैं कि उनका अस्तित्व है, क्योंकि उनका मापा जा सकने योग्य प्रभाव है : वे पदार्थ कणों के बीच बलों को जन्म देते हैं।

बल को धारण करने वाले कणों को चार कोटियों में रखा जा सकता है। इस बात को रेखांकित किया जाना चाहिए कि चार वर्गों में यह विभाजन मनुष्य-कृत है; यह आंशिक सिद्धांतों को गढ़ने की दृष्टि से सुविधाजनक है, लेकिन ज़रूरी नहीं कि किसी गहरी चीज़ के साथ उसका मेल बैठता हो। अंततः ज़्यादातर भौतिक विज्ञानियों को एक ऐसे एकीकृत सिद्धांत को पा लेने की उम्मीद है, जो सभी चार बलों को एक ही बल के विभिन्न पक्षों के रूप में स्पष्ट कर देगा। निश्चय ही, बहुत-से लोग यही कहेंगे कि भौतिकी का आज मुख्य लक्ष्य यही है।

पहली कोटि है, गुरुत्वाकर्षी बल। यह बल सार्वभौमिक है; यानी हर कण, अपने द्रव्यमान या ऊर्जा के मुताबिक़ गुरुत्वाकर्षी बल को महसूस करता है। गुरुत्वाकर्षण की कल्पना गुरुत्वाणु (ग्रविटॉन) नामक कण के विनिमय के नतीजे के रूप में की गई है। गुरुत्वाकर्षण चारों बलों में सबसे ज़्यादा कमज़ोर है; वह इतना कमज़ोर है कि अगर उसमें दो विशेष गुण न होते, तो हम उसे लक्ष्य भी न करते। ये दो विशेष गुण हैं : यह लंबी दूरी तक क्रियाशील हो सकता है, और वह हमेशा आकर्षणकारी होता है। इसका मतलब है कि मसलन पृथ्वी और सूर्य जैसे दो वृहत पिंडों में स्वतंत्र कणों के बीच अत्यंत कमज़ोर गुरुत्वाकर्षी बल आपस में मिलकर एक महत्त्वपूर्ण बल को जन्म दे सकता है। अन्य तीन बल या तो कम दूरी तक प्रभावी होते हैं या कभी आकर्षक तो कभी विकर्षक होते हैं, इसलिए उनमें एक-दूसरे को काट देने की प्रवृत्ति होती है।

अगली कोटि है, विद्युत-चुंबकीय बल की, जो इलेक्ट्रॉन और क़्वार्क्स जैसे विद्युत-आविष्ट कणों से अंतःक्रिया करते हैं, लेकिन न्यूट्रिनोज़ जैसे अनाविष्ट कणों के साथ अंतःक्रिया नहीं करते। यह बल गुरुत्वाकर्षी बल के मुक़ाबले ज़्यादा

शक्तिशाली होता है: दो इलेक्ट्रॉनों के बीच का विद्युत-चुंबकीय बल गुरुत्वाकर्षी बल से दस लाख दस लाख दस लाख दस लाख दस लाख दस लाख दस लाख (1 के बाद बयालीस शून्य) गुना होता है, लेकिन विद्युत आवेश दो प्रकार के होते हैं : धनात्मक और ऋणात्मक। दो धनात्मक आवेशों के बीच का बल विकर्षक होता है, उसी तरह जैसे दो ऋणात्मक आवेशों के बीच का बल होता है, लेकिन धनात्मक और ऋणात्मक आवेश के बीच का बल आकर्षक होता है।

सूर्य और पृथ्वी जैसे बड़े पिंडों में लगभग समान मात्रा में धनात्मक और ऋणात्मक आवेश होते हैं। इस तरह स्वतंत्र कणों के बीच आकर्षक और विकर्षक बल लगभग एक-दूसरे को काटते रहते हैं, और इस तरह उनमें बहुत कम वास्तविक विद्युत-चुंबकीय बल होता है, लेकिन अणुओं और अणुकणिकाओं के छोटे पैमानों पर विद्युत-चुंबकीय बल प्रभावी होते हैं। नाभिक में ऋणात्मक रूप से आविष्ट इलेक्ट्रॉनों और धनात्मक रूप से आविष्ट प्रोटॉनों की वजह से इलेक्ट्रॉन अणु के नाभिक की परिक्रमा करते हैं, ठीक उसी तरह जैसे गुरुत्वाकर्षण के कारण पृथ्वी सूर्य की परिक्रमा करती है। विद्युत चुंबकीय आकर्षण को फ़ोटॉन नामक आभासी कणों के बड़ी तादाद में विनिमय के परिणाम के रूप में देखा जाता है। पुनः, जिन फ़ोटॉनों का विनिमय होता है, वे आभासी कण हैं, लेकिन, जब एक इलेक्ट्रॉन नाभिक के निकट के दूसरे इलेक्ट्रॉन में बदलता है, तो ऊर्जा उत्पन्न होती है और एक वास्तविक फ़ोटॉन विकीर्ण होता है – जिसे इंसानी आँखों से दृश्यमान प्रकाश के रूप में देखा जा सकता है, बशर्ते कि उसकी सही वेवलैंथ हो, या फिर उसे फ़ोटोग्राफ़िक फ़िल्म जैसे फ़ोटॉन डिटेक्टर के माध्यम से पकड़ा जा सकता है। इसी तरह, एक वास्तविक फ़ोटॉन किसी अणु से भिड़ जाता है, तो वह इलेक्ट्रॉन को नाभिक के क़रीब की कक्षा से किसी सुदूर कक्षा तक पहुँच सकता है। यह प्रक्रिया फ़ोटॉन की ऊर्जा का इस्तेमाल कर लेती है और इसलिए वह सोख लिया जाता है।

तीसरी कोटि को कमज़ोर परमाणुविक बल के नाम से जाना जाता है। हम अपने रोज़मर्रा जीवन में इस बल के सीधे संपर्क में नहीं आते, लेकिन वह रेडियोएक्टिविटी – आणुविक नाभिकों के क्षरण – का कारण होता है। इस कमज़ोर परमाणुविक बल को 1967 में उस समय समझा गया, जब इंपीरियल कॉलेज लंदन के अब्दुस सलाम और हॉर्वर्ड विश्वविद्यालय के स्टीवन वेनबर्ग, दोनों ने उन सिद्धांतों को सामने रखा, जो इस अंत:क्रिया को विद्युत-चुंबकीय बल से जोड़ते थे, ठीक उसी तरह जैसे मैक्सवेल ने लगभग सौ वर्ष पहले विद्युत और चुंबक को जोड़ा था। सिद्धांत के पूर्वानुमान प्रयोग से इतनी अच्छी तरह मेल खाते थे कि 1979 में सलाम और वेनबर्ग को शेल्डन ग्लासोव, जो स्वयं भी हॉर्वर्ड से थे, के साथ भौतिकी

के नोबेल पुरस्कार से नवाज़ा गया था। शेल्डन ग्लासोव ने भी विद्युत चुंबकीय और कमज़ोर परमाणुविक बलों के ऐसे ही एकीकृत सिद्धांत सामने रखे थे।

चौथी कोटि, चारों बलों में सबसे ज़्यादा शक्तिशाली है, और यह है शक्तिशाली परमाणुविक बल। यह एक और बल है, जिसके साथ हमारा सीधा संपर्क नहीं होता, लेकिन यही वह बल है, जो हमारी ज़्यादातर रोज़मर्रा दुनिया को संगठित बनाए रखता है। यह प्रोटॉन और न्यूट्रॉन के भीतर के क़्वार्क्स को आपस में बाँधे रखता है। इस शक्तिशाली बल के बिना धनात्मक रूप से आविष्ट प्रोटॉनों के बीच का विकर्षण ब्रह्मांड के हर एक परमाणुविक नाभिक को विस्फोट में उड़ाकर पूरी तरह नष्ट कर देगा, हाइड्रोज़न गैस के उन परमाणुविक नाभिकों के अलावा, जिनके नाभिकों में सिर्फ़ एक प्रोटॉन होता है। ऐसा माना जाता है कि ग्लुऑन नामक कण इस बल को धारण करता है, जो सिर्फ़ अपने साथ और क़्वार्कों के साथ अंत:क्रिया करता है।

विद्युत–चुंबकीय और कमज़ोर परमाणुविक बलों के एकीकरण से मिली सफलता के नतीजे में इन दोनों बलों को शक्तिशाली परमाणुविक बल के साथ मिलाकर एक वृहत एकीकृत सिद्धांत (ग्रैंड यूनिफ़ाइड थ्योरी, जीयूटी) गढ़ने के कई प्रयत्न किए गए हैं। यह शीर्षक किसी हद तक एक अतिरंजना है : इसके नतीजे में जो सिद्धांत सामने आए हैं, वे उतने वृहत क़तई नहीं है, न ही वे पूरी तरह एकीकृत हैं, क्योंकि उनमें गुरुत्वाकर्षण शामिल नहीं है। वे वास्तव में संपूर्ण सिद्धांत भी नहीं हैं, क्योंकि उनमें ऐसे कई मापदंड निहित हैं, जिनके मूल्य का सिद्धांत से पूर्वानुमान नहीं किया जा सकता, बल्कि जिनका प्रयोग के अनुरूप होने के लिए चुना गया होना ज़रूरी होता है। तब भी, उन्हें एक संपूर्ण, पूरी तरह एकीकृत सिद्धांत की दिशा में एक क़दम की तरह तो देखा ही जा सकता है।

गुरुत्वाकर्षण को दूसरे बलों के साथ जोड़ सकने वाले एक सिद्धांत की खोज करने में मुख्य कठिनाई यह है कि गुरुत्वाकर्षण का – सामान्य सापेक्षता का – सिद्धांत एकमात्र ऐसा सिद्धांत है, जो क़्वांटम सिद्धांत नहीं है : वह अनिश्चय के सिद्धांत को विचारणीय नहीं मानता, लेकिन क्योंकि दूसरे बलों के आंशिक सिद्धांत एक अनिवार्य ढंग से क़्वांटम मैकेनिक्स पर निर्भर करते हैं, इसलिए गुरुत्वाकर्षण को अन्य सिद्धांतों के साथ एकीकृत करने के लिए एक ऐसा तरीक़ा ढूँढ़ना ज़रूरी होगा, जो उस सिद्धांत को सामान्य सापेक्षता में समाविष्ट कर सके, लेकिन अभी तक कोई भी व्यक्ति गुरुत्वाकर्षण का क़्वांटम सिद्धांत लेकर नहीं आया है।

गुरुत्वाकर्षण का क़्वांटम सिद्धांत रचना, जिस वजह से इतना मुश्किल साबित हुआ है, वह यह है कि अनिश्चय के सिद्धांत का मतलब है कि 'ख़ाली' जगह भी

कणों और प्रतिकणों के जोड़ों से भरी हुई है। अगर ऐसा न होता –अगर 'ख़ाली' जगह वाक़ई ख़ाली होती – तो उसका मतलब होता कि सारे क्षेत्रों, जैसे कि गुरुत्वाकर्षी और विद्युत-चुंबकीय क्षेत्रों, को ठीक शून्य होना होता। लेकिन, क्षेत्र का मान और समय के साथ उसमें आने वाले बदलाव की दर कण की स्थिति और गति (यानी, स्थिति में परिवर्तन) के समान हैं : अनिश्चय के सिद्धांत में यह निहित है कि हम इनमें किसी गुण को जितनी ही ज़्यादा सटीकता के साथ जानते हैं, उतनी ही कम सटीकता के साथ हम किसी दूसरे गुण को जान सकते हैं। इसलिए, अगर ख़ाली जगह का कोई क्षेत्र ठीक शून्य पर स्थिर होता, तो उसका एक स्पष्ट मान (शून्य) और परिवर्तन की एक निश्चित दर (वह भी शून्य) होती, जो कि उस सिद्धांत का उल्लंघन होता। इस तरह, क्षेत्र के मान में अनिश्चय की एक निश्चित न्यूनतम मात्रा, या क़्वांटम अस्थिरता (फ़्लक्चुएशन) का होना अनिवार्य है।

हम इन अस्थिरताओं को उन कणों के जोड़ों के रूप में सोच सकते हैं, जो कभी एक साथ प्रकट होते हैं, एक-दूसरे से दूर जाते हैं, फिर साथ हो जाते हैं और एक-दूसरे को नष्ट कर देते हैं। ये आभासी कण हैं, उन कणों की तरह, जो बलों को धारण करते हैं : वास्तविक कणों से भिन्न, उन्हें सीधे-सीधे कण डिटेक्टर के माध्यम से नहीं पकड़ा जा सकता, लेकिन उनके परोक्ष प्रभावों को, जैसे कि इलेक्ट्रॉन की कक्षा के ऊर्जा के परिवर्तनों को, मापा जा सकता है। ये आँकड़े सटीकता के उल्लेखनीय स्तर पर सैद्धांतिक पूर्वानुमानों से मेल खाते हैं, लेकिन कमज़ोर और शक्तिशाली बल क्षेत्रों की अस्थिरता की स्थिति में, ये आभासी जोड़े पदार्थ कणों के जोड़े होते हैं, जैसे कि इलेक्ट्रॉन, क़्वार्क, और उनके प्रतिकण।

समस्या यह है कि इन आभासी कणों में ऊर्जा होती है। वस्तुत: क्योंकि आभासी जोड़ों की संख्या अनंत है, उनमें ऊर्जा की अनंत मात्रा होगी और, इसलिए, आइंस्टाइन के समीकरण के $E= mc^2$ (देखें अध्याय 5) के मुताबिक़, उनमें द्रव्यमान की अनंत मात्रा होगी। सामान्य सापेक्षता के अनुसार, इसका मतलब है कि उनका गुरुत्वाकर्षण ब्रह्मांड को अनंत रूप से छोटे आकार में मोड़ देगा। ज़ाहिर है, ऐसा नहीं होता है! इसी तरह की हास्यास्पद लगती अनंतताएँ कणों के दूसरे सिद्धांतों – शक्तिशाली, कमज़ोर, और विद्युत-चुंबकीय बलों के सिद्धांतों – में घटित होती हैं, लेकिन इन सारे मामलों में पुनर्सामान्यीकरण नामक प्रक्रिया अनंतताओं को मिटा सकती है, इसीलिए हम उन बलों के क़्वांटम सिद्धांत तैयार कर सके हैं।

पुनर्सामान्यीकरण में उन नई अनंतताओं का प्रवेश कराया जाना शामिल है, जिनमें उन अनंतताओं को निरस्त करने का प्रभाव मौजूद होता है, जो सिद्धांत में पैदा होती हैं, लेकिन, वे ठीक-ठीक निरस्त नहीं करतीं। हम नई अनंतताओं को

चुन सकते हैं, ताकि छोटे शेषों को छोड़ा जा सके। इन छोटे शेषों को सिद्धांत में पुनर्सामान्यीकृत राशियों के नाम से जाना जाता है।

हालाँकि, व्यवहार में यह कवायद गणितीय दृष्टि से कुछ-कुछ संदिग्ध है, यह कारगर होती नहीं लगती, और इसका इस्तेमाल शक्तिशाली, कमज़ोर, और विद्युत-चुंबकीय बलों के सिद्धांतों के साथ ऐसे पूर्वानुमानों के लिए किया गया है, जो सटीकता के असाधारण स्तर पर पर्यवेक्षणों के साथ मेल खाते हैं, हालाँकि एक संपूर्ण सिद्धांत को खोजने की कोशिश को देखते हुए, पुनर्सामान्यीकरण में गंभीर कमियाँ हैं, क्योंकि इसका मतलब है कि द्रव्यों का वास्तविक मान और बलों की सामर्थ्य का पूर्वानुमान सिद्धांत से नहीं किया जा सकता, बल्कि उन्हें पर्यवेक्षणों से मेल खाने के लिहाज़ से चुना जाना ज़रूरी होता है। बदक़िस्मती से, सामान्य सापेक्षता से क्वांटम अनंतताओं को हटाने के लिए पुनर्सामान्यीकरण का इस्तेमाल करने की कोशिश में, समायोजन के लिए मात्र दो राशियाँ हमारे हाथ लगती हैं : गुरुत्वाकर्षण की शक्ति और ब्रह्मांडीय स्थिरांक का मान, जिस पद का इस्तेमाल आइंस्टाइन ने अपने समीकरण में किया था, क्योंकि उनका मानना था कि ब्रह्मांड फैल नहीं रहा है (देखें, अध्याय 7)। जैसा कि बाद में पता चला, सारी अनंतताओं को हटाने के लिए इनका समायोजन करना काफ़ी नहीं है। इसलिए, हमारे पास गुरुत्वाकर्षण का एक ऐसा सिद्धांत बचता है, तो यह पूर्वानुमान करता लगता है कि कुछ मात्राएँ, जैसे कि अंतरिक्ष-समय का वक्र, वाक़ई अनंत हैं – तब भी इन मात्राओं को पूरी तरह से सीमित मात्राओं के रूप में देखा और मापा जा सकता है!

सामान्य सापेक्षता और अनिश्चय के सिद्धांत को मिलाने में यह एक समस्या होगी, इसका संदेह तो कुछ समय से व्यक्त किया जा रहा था, लेकिन 1972 में हुई गणनाओं से अंततः इसकी पुष्टि हो गई थी। चार साल बाद, परम गुरुत्वाकर्षण (सुपरग्रेविटी) नामक एक संभावित समाधान सुझाया गया। बदक़िस्मती से, ये गणनाएँ यह पता लगाने की माँग करती थीं कि क्या परम गुरुत्वाकर्षण में ऐसी कोई निरस्त न की जा सकीं अनंतताएँ बची थीं या नहीं, जो इतनी लंबी और मुश्किल थीं कि उनका दायित्व लेने के लिए कोई तैयार नहीं था। यहाँ तक कि यह हिसाब लगाया गया था कि कंप्यूटर के लिए भी इसमें कई वर्ष लग जाएँगे, और इस बात की बहुत ज़्यादा संभावनाएँ थीं कि इसमें भी कम-से-कम एक ग़लती होगी, या संभवतः और भी ज़्यादा। इस तरह हमें पता चलेगा कि हमारे पास सही जवाब तभी होगा, जब किसी और ने इस गणना को दोहराया होगा और उसे समान उत्तर मिला होगा, और इसकी बहुत संभावना नहीं दीखती। तब भी, इन समस्याओं के बावजूद, और इस तथ्य के बावजूद कि परम गुरुत्वाकर्षण के सिद्धांतों में कण पर्यवेक्षित कणों से मेल खाते नहीं लगते, ज़्यादातर वैज्ञानिकों का विश्वास था कि सिद्धांत में सुधार

संभव है और वह संभवत: गुरुत्वाकर्षण को दूसरे बलों के साथ मिलाने की समस्या का सही जवाब है। तभी 1984 में उन सिद्धांतों के पक्ष में धारणाओं में उल्लेखनीय बदलाव आया, जिन्हें स्ट्रिंग थ्योरीज़ के नाम से जाना जाता है।

स्ट्रिंग सिद्धांत के पहले तक हर बुनियादी कण के बारे में माना जाता था कि वह स्पेस में एक जगह को घेरता है। स्ट्रिंग सिद्धांतों में, बुनियादी वस्तुएँ बिंदु कण (प्वाइंट पार्टिकल) नहीं हैं, बल्कि ऐसी वस्तुएँ हैं, जिनमें लंबाई तो होती है, लेकिन धागे के अनंत रूप से पतले टुकड़े की भाँति, और कोई आयाम नहीं होता। इन धागों के सिरे हो सकते हैं (वे तथाकथित खुले हुए धागे हो सकते हैं) या वे सिरे एक बंद घेरे में आपस में जुड़े हो सकते हैं (बंद धागे)। कोई भी कण समय के हर क्षण में स्पेस में एक बिंदु को घेरता है। दूसरी ओर, धागा समय के हर क्षण में एक रेखा को घेरता है। दो धागे आपस में जुड़कर एक धागा बन सकते हैं; खुले धागों के मामले में वे सिर्फ़ अपने सिरों पर जुड़े होते हैं, जबकि बंद धागों के मामले में वे ट्राउज़र्स के एक जोड़े पर जुड़े दो पैरों के समान होते हैं। इसी तरह, धागे का एक टुकड़ा दो धागों में विभाजित हो सकता है।

अगर ब्रह्मांड की बुनियादी वस्तुएँ धागे हैं, तो फिर वे बिंदु कण क्या हैं, जो हमें प्रयोगों में दिखाई देते लगते हैं? जिन्हें पहले विभिन्न बिंदु कणों के रूप में देखा जाता था, धागे के सिद्धांतों में उन्हें अब धागे की विभिन्न तरंगों के रूप में कल्पित किया जाता है, जैसे पतंग के काँपते हुए धागे में उठती तरंगें होती हैं, लेकिन ये धागे और उनके साथ उनका कंपन इतना सूक्ष्म होता है कि हमारी श्रेष्ठ टेक्नोलॉजी भी उनके आकार को स्पष्ट नहीं कर सकती, इसलिए वे, हमारे सारे प्रयोगों में, सूक्ष्म, लक्षण-रहित बिंदुओं की तरह आचरण करते हैं। धूल के कण को देखने की कल्पना कीजिए : बहुत पास से, या आवर्द्धक लैंस से देखने पर आप पाएँगे कि उस कण का आकार टेढ़ा या यहाँ तक कि धागेनुमा है, लेकिन दूर से देखने पर वह एक आकृतिहीन बिंदु जैसा दीखता है।

स्ट्रिंग सिद्धांत में एक कण से दूसरे कण का रिसना या सोख लिया जाना धागों के विभाजित किए जाने या जोड़े जाने से मेल खाता है। उदाहरण के लिए, कण संबंधी सिद्धांतों में पृथ्वी पर सूर्य के गुरुत्वाकर्षी प्रभाव को सूर्य में पदार्थ कण से गुरुत्वाणु नामक बल धारण करने वाले कणों के रिसाव और पृथ्वी में पदार्थ कण द्वारा सोखे जाने के परिणाम के रूप में देखा जाता था। धागे के सिद्धांत में यह प्रक्रिया H-आकार की नली से मेल खाती है (स्ट्रिंग सिद्धांत, एक तरह से, कुछ-कुछ नलसाज़ी जैसा है)। H की दो खड़ी डंडियाँ सूर्य और पृथ्वी कण हैं, और आड़ी लकीर उनके बीच यात्रा करता गुरुत्वाकर्षण है।

स्ट्रिंग सिद्धांत का अजब-सा इतिहास है। मूलत: इसका आविष्कार 1960 के परवर्ती वर्षों में शक्तिशाली बल का निरूपण करने वाले सिद्धांत की खोज की कोशिश के दौरान हुआ था। धारणा यह थी कि प्रोटॉन और न्यूट्रॉन जैसे कणों को धागे में उठती तरंगों के रूप में देखा जा सकता है। इसमें कणों के बीच के शक्तिशाली बल धागे के वे टुकड़े होते, जो धागे के दूसरे टुकड़ों के बीच फैले होते, मकड़ी के जाल की तरह। इस सिद्धांत के संदर्भ में कणों के बीच के शक्तिशाली बल को पर्यवेक्षित मूल्य देने के लिए, धागे का ऐसे रबर बैंड की तरह होना ज़रूरी था, जिसे दस टन तक ताना जा सकता।

1974 में पेरिस के इकॉल नॉग़्मेल सुपेरियर के जोएल शर्क और कैलिफ़ोर्निया इंस्टिट्यूट ऑफ़ टेक्नोलॉजी के जॉन श्वार्ज़ ने एक आलेख प्रकाशित किया, जिसमें उन्होंने दर्शाया कि स्ट्रिंग सिद्धांत गुरुत्वाकर्षी बल की प्रकृति का निरूपण कर सकता है, लेकिन सिर्फ़ तभी जब धागे का तनाव दस लाख दस लाख दस लाख दस लाख दस लाख दस लाख (1 के बाद उन्तालीस शून्य) टन हो। धागे के सिद्धांत के पूर्वानुमान बिलकुल वही होंगे, जो सामान्य लंबाई के पैमानों पर सामान्य सापेक्षता के होंगे, लेकिन उनमें बहुत छोटी-सी दूरी का फ़र्क़ होगा, जो एक सेंटीमीटर के दस लाख दस लाख दस लाख दस लाख दस लाखवें हिस्से (1 के बाद तैंतीस शून्यों वाली संख्या से विभाजित एक सेंटीमीटर) के बराबर होगी, लेकिन उनके काम की ओर बहुत ज़्यादा ध्यान नहीं गया, क्योंकि लगभग ठीक उसी समय ज़्यादातर लोग क़्वार्क और ग्लुऑन पर आधारित सिद्धांत, जो पर्यवेक्षणों से बेहतर मेल खाता था, के पक्ष में धागे के मूल सिद्धांत को त्याग चुके थे। शर्क की मृत्यु दर्दनाक परिस्थितियों में हुई (वे डायबिटीज़ के मरीज़ थे और एक ऐसे समय कोमा में चले गए थे, जब उन्हें इंसुलिन का इंजेक्शन देने वाला कोई भी व्यक्ति नहीं था), इसलिए श्वार्ज़ स्ट्रिंग सिद्धांत के लगभग एकमात्र समर्थक के रूप में बचे रहे, लेकिन अब उनके पास धागे के तनाव का कहीं ज़्यादा उच्च प्रस्तावित मान था।

1984 में धागों में लोगों की रुचि अचानक फिर से जाग उठी, जिसकी दो ज़ाहिर वजह थीं। इनमें से एक यह थी कि लोग वाक़ई यह दर्शा पाने में बहुत प्रगति नहीं कर पा रहे थे कि परम गुरुत्वाकर्षण सीमित था या यह कि यह उस तरह के कणों की व्याख्या कर सकता था, जो हमारे पर्यवेक्षण में आते थे। दूसरी वजह थी जॉन श्वार्ज़ के दूसरे आलेख का प्रकाशन, जो इस बार उन्होंने क़्वीन मेरी कॉलेज लंदन के माइक ग्रीन के साथ मिलकर प्रकाशित किया था। यह आलेख दर्शाता था कि स्ट्रिंग सिद्धांत उन कणों को स्पष्ट करने में सक्षम है, जिनमें अंतर्निहित वामहस्त प्रधानता (इन-बिल्ट लेफ़्ट हैंडेडनेस) है, यानी उन कुछ कणों की तरह, जो हमारे पर्यवेक्षण में आते हैं। (अगर आप प्रयोग के सेटअप को आईने में प्रतिबिंबित करते

हुए उसे बदल दें, तो भी ज़्यादातर कणों का व्यवहार एक समान बना रहता है, लेकिन इन कणों का व्यवहार बदल जाएगा। यह कुछ ऐसा है कि वे दोनों हाथों से काम करने में सक्षम होने की बजाय दाएँ या बाएँ हाथ से ही काम करने में सक्षम हों।) वजह जो भी हो, जल्दी ही बड़ी संख्या में लोगों ने स्ट्रिंग सिद्धांत पर काम करना शुरू कर दिया, और एक नया संस्करण विकसित हो गया, जिसे देखकर लगता था कि वह उस तरह के कणों को स्पष्ट कर सकेगा, जो हमारे पर्यवेक्षण में आते हैं।

स्ट्रिंग सिद्धांत अनंत की ओर भी ले जाते हैं, लेकिन ऐसा समझा जाता है कि अपने राइट संस्करण में वे सब कट जाएँगे (हालाँकि यह बात अभी तक पक्के तौर पर ज्ञात नहीं है)। लेकिन, स्ट्रिंग सिद्धांतों के साथ एक बड़ी समस्या है : वे केवल उसी स्थिति में संगत प्रतीत होते हैं, जब अंतरिक्ष-समय के, सामान्य चार आयामों की बजाय, या तो दस या छब्बीस आयाम हों! बेशक, अंतरिक्ष-समय के अतिरिक्त आयाम एक आम विज्ञान-कथा है। निश्चय ही, वे सामान्य सापेक्षता के इस सामान्य प्रतिबंध पर विजय प्राप्त करने का आदर्श तरीक़ा उपलब्ध कराते हैं कि आप प्रकाश से तेज़ गति से या समय में पीछे की ओर यात्रा नहीं कर सकते (देखें अध्याय 10)। विचार इन अतिरिक्त आयामों की मदद से शॉर्ट कट लेने का है। आप इसकी कल्पना नीचे आगे उल्लेखित तरीक़े के रूप में कर सकते हैं। कल्पना कीजिए कि जिस स्पेस में हम रहते हैं, उसमें सिर्फ़ दो ही आयाम हैं, और वह छल्ले या डोनट की तरह मुड़ा हुआ है। अगर आप छल्ले के एक कगार पर होते और उसके दूसरे सिरे पर जाना चाहते, तो आपको छल्ले के अंदरूनी कगार के रास्ते तब तक गोल घूमना होता, जब तक आप अपने लक्ष्य पर नहीं पहुँच जाते, लेकिन अगर आप तीसरे आयाम में यात्रा कर सकें, तो आप छल्ले को छोड़कर सीधे दूसरे सिरे पर पहुँच सकते हैं।

अगर ये अतिरिक्त आयाम सचमुच हैं, तो उनकी ओर हमारा ध्यान क्यों नहीं जाता? ऐसा क्यों है कि हम स्पेस के मात्र तीन और समय का मात्र एक आयाम ही देखते हैं? संकेत यह है कि ये अन्य आयाम वैसे नहीं हैं, जिनके हम अभ्यस्त हैं। वे स्पेस में बहुत छोटे आकार में मुड़े हैं, कुछ-कुछ एक इंच के दस लाख दस लाख दस लाख दस लाख दस लाखवें हिस्से के बराबर। यह इतना छोटा है कि हम इसे ग़ौर नहीं करते : हम सिर्फ़ स्पेस के तीन और समय का एक आयाम ही देखते हैं, जिसमें अंतरिक्ष-समय पर्याप्त सपाट है। यह किस तरह काम करता है, इसकी कल्पना करने के लिए, स्ट्रॉ के बारे में सोचिए। अगर आप उसे क़रीब से देखें, तो आप पाएँगे की उसकी सतह दो-आयामी है। यानी, स्ट्रॉ की अवस्थिति दो संख्याओं से निरूपित है, स्ट्रॉ की लंबाई, और उसके वृत्ताकार आयाम के चारों ओर की दूरी, लेकिन उसका वृत्ताकार आयाम उसके लंबाई के आयाम से बहुत

छोटा है। इसकी वजह से अगर आप स्ट्रा को दूर से देखते हैं, तो आप स्ट्रॉ की मोटाई नहीं देख पाएँगे और वह एक-आयामी दिखाई देगा। यानी, ऐसा दीखता है कि आपको जिस बिंदु की अवस्थिति पर अँगुली रखने की ज़रूरत है, उसके लिए आपको स्ट्रॉ की लंबाई भी देने की ज़रूरत है। स्ट्रिंग सिद्धांतकारों का कहना है कि ऐसा ही अंतरिक्ष-समय के साथ है : बहुत छोटे पैमाने पर वह दस आयामी है और अत्यंत मुड़ा हुआ है, लेकिन अपेक्षाकृत बड़े पैमाने पर आपको उसका वक्र या अतिरिक्त आयाम दिखाई नहीं देता।

अगर यह तसवीर सही है, तो यह भावी स्पेस यात्रियों के लिए एक बुरी ख़बर है : ये अतिरिक्त आयाम इतने छोटे होंगे कि उनके रास्ते अंतरिक्ष यान गुज़र ही नहीं पाएगा, लेकिन यह वैज्ञानिकों के लिए भी एक बहुत बड़ी समस्या खड़ी करता है : ऐसा क्यों है कि कुछ, लेकिन सभी नहीं, आयाम मुड़कर एक छोटी गेंद में नहीं बदल गए? संभवतः बहुत आरंभिक ब्रह्मांड में सारे आयाम बहुत वक्र रहे होंगे। फिर ऐसा क्यों हुआ कि स्पेस के तीन और समय का एक आयाम ही सपाट हो गए, जबकि बाक़ी आयाम उसी तरह सख़्ती-से मुड़े रहे?

इसका एक संभावित उत्तर वह है, जिसे एंथ्रोपिक सिद्धांत के नाम से जाना जाता है। इसे हम इस तरह बयान कर सकते हैं : "ब्रह्मांड हमें, जिस रूप में दिखाई देता है, उस रूप में हम उसे इसलिए देखते हैं, क्योंकि हमारा अस्तित्व है।" इस एंथ्रोपिक सिद्धांत के दो संस्करण हैं, कमज़ोर और शक्तिशाली। कमज़ोर एंथ्रोपिक सिद्धांत कहता है कि एक ऐसे ब्रह्मांड में, जो कि अंतरिक्ष और/या समय में विराट या अनंत है, एक बुद्धिमत्तापूर्ण जीवन के विकसित होने के लिए आवश्यक शर्तें केवल उन्हीं क्षेत्रों में पूरी होंगी, जिनका अंतरिक्ष और समय सीमित है। इसलिए ऐसे क्षेत्रों के बुद्धिमान प्राणी अगर पाते हैं कि ब्रह्मांड में उनकी जगह उन शर्तों को पूरा करती है, जो उनके अस्तित्व के लिए आवश्यक हैं, तो उन्हें इस पर आश्चर्य नहीं होना चाहिए। यह कुछ-कुछ ऐसा है कि एक रईस आदमी संपन्नों के इलाक़े में रहता हुआ किसी तरह की निर्धनता को नहीं देखता।

कुछ लोग इससे भी आगे जाते हैं और इसका एक शक्तिशाली संस्करण प्रस्तुत करते हैं। इस मत के अनुसार, या तो बहुत-से परस्पर भिन्न ब्रह्मांड हैं या एक ही ब्रह्मांड में बहुत-से परस्पर भिन्न क्षेत्र हैं, जिनमें से हर एक का आरंभिक विन्यास है और, शायद, उसके अपने विज्ञान के नियम हैं। इनमें से ज़्यादातर ब्रह्मांडों में पेचीदा जीवों के विकास की परिस्थितियाँ ठीक नहीं होंगी; केवल कुछ ही ब्रह्मांडों में, जो कि हमारे जैसे हैं, बुद्धिमान प्राणी विकसित होंगे और यह सवाल करेंगे कि "ब्रह्मांड वैसा ही क्यों है, जैसा हमें दिखाई देता है?" तब इसका जवाब बहुत आसान होगा : अगर यह भिन्न होता, तो हम यहाँ न होते!

बहुत कम लोग होंगे, जो कमज़ोर एंथ्रोपिक सिद्धांत की वैधता या उपयोगिता को लेकर झगड़ा करेंगे, लेकिन ऐसी कई आपत्तियाँ हैं, जिन्हें कोई व्यक्ति शक्तिशाली एंथ्रोपिक सिद्धांत के संदर्भ में ब्रह्मांड की पर्यवेक्षित अवस्था के निरूपण के तौर पर उठा सकता है। मसलन, ये विभिन्न ब्रह्मांड किस अर्थ में अस्तित्व में हैं? अगर वे वाक़ई एक-दूसरे से अलग हैं, तो किसी अन्य ब्रह्मांड में जो कुछ भी घटित होता है, उसका हमारे ब्रह्मांड में कोई पर्यवेक्षणीय परिणाम नहीं हो सकता। इसलिए हमें इकनॉमी के सिद्धांत को अपनाना चाहिए और उन्हें सिद्धांत से काटकर अलग कर देना चाहिए। दूसरी ओर, अगर वे एक ही ब्रह्मांड के विभिन्न क्षेत्र होंगे, तो विज्ञान के नियम हर क्षेत्र में समान होंगे, क्योंकि हम एक क्षेत्र से दूसरे क्षेत्र में निरंतर नहीं जा सकते। इस स्थिति में विभिन्न क्षेत्रों के बीच का एकमात्र फ़र्क़ उनके आरंभिक विन्यास का होगा, इसलिए शक्तिशाली एंथ्रोपिक सिद्धांत कमज़ोर एंथ्रोपिक सिद्धांत में सिमटकर रह जाएगा।

एंथ्रोपिक सिद्धांत हमें इस सवाल का एक संभावित जवाब देता है कि स्ट्रिंग सिद्धांत के अतिरिक्त आयाम मुड़े हुए क्यों हैं। स्पेस के दो आयाम हम-जैसे पेचीदा प्राणियों को विकसित होने की गुंजाइश देने के लिहाज़ से पर्याप्त नहीं लगते। उदाहरण के लिए, अगर दो-आयामी प्राणी किसी वृत्त (दो-आयामी पृथ्वी की सतह) पर रह रहे होंगे, तो उन्हें एक-दूसरे से आगे निकलने के लिए एक-दूसरे के ऊपर से चढ़कर जाना होगा। और अगर कोई दो-आयामी जीव कोई चीज़ खाएगा तो उसे पूरा-का-पूरा नहीं पचा पाएगा और उसे उस भोजन के अवशेषों को उसी रास्ते निकालना होगा, जिस रास्ते उसने उसे निगला होगा, क्योंकि अगर उसकी काया के भीतर कोई रास्ता होगा, तो वह उस जीव को दो स्वतंत्र हिस्सों में बाँट देगा : हमारा दो-आयामी जीव दो टुकड़ा हो जाएगा। इसी तरह, यह समझ पाना भी मुश्किल है कि किसी दो-आयामी जीव में रक्त-संचार कैसे होगा।

तीन से ज़्यादा आयामों के साथ भी समस्या होगी। दो पिंडों के बीच का गुरुत्वाकर्षी बल दूरी बढ़ने के साथ उससे ज़्यादा तेज़ी-से घटेगा, जितना वह तीन आयामों के मामले में घटता है। (तीन आयामों में, जब आप दूरी को दोगुना कर देते हैं, तो गुरुत्वाकर्षी बल एक-चौथाई गिर जाता है। चार आयामों में वह 1:8, पाँच आयामों में 1:16 और इसी क्रम से गिरता जाएगा)। इसका महत्त्व इस बात में है कि सूर्य के गिर्द पृथ्वी जैसे ग्रहों की कक्षाएँ अस्थिर होंगी : किसी वृत्ताकार कक्षा से कम व्यवधान (जैसा कि दूसरे ग्रहों के गुरुत्वाकर्षण से होने वाला व्यवधान) की वजह से पृथ्वी सर्पिल गति से सूर्य से दूर चली जाएगी या सूर्य में प्रवेश कर जाएगी। हम या तो जम जाएँगे या जल जाएँगे। दरअसल, तीन से अधिक आयामों में दूरी से युक्त ऐसे ही व्यवहार का मतलब होगा कि सूर्य, गुरुत्वाकर्षण को संतुलित करते

दबाव के साथ, स्थायी अवस्था में नहीं रह पाएगा। सूर्य या तो टुकड़ा-टुकड़ा होकर बिखर जाएगा या ब्लैक होल में बदल जाएगा। दोनों ही स्थितियों में वह पृथ्वी पर ताप और प्रकाश के स्रोत के रूप में बहुत उपयोगी नहीं रह जाएगा। एक छोटे पैमाने पर, जिन विद्युत बलों की वजह से अणु में इलेक्ट्रॉन नाभिक की परिक्रमा करते हैं, वे भी उसी तरह आचरण करने लगेंगे, जैसे गुरुत्वाकर्षी बल करेंगे। इस तरह इलेक्ट्रॉन या तो अणु से पूरी तरह निकल भागेंगे, या सर्पिल गति से बढ़ते हुए नाभिक में समा जाएँगे। दोनों ही स्थितियों में अणु उस रूप में रह ही नहीं जाएँगे, जिस रूप में हम उन्हें जानते हैं।

तब यह बात स्पष्ट प्रतीत होती है कि जीवन, कम-से-कम जिस रूप में हम उसे जानते हैं, का अस्तित्व अंतरिक्ष-समय के केवल उन्हीं क्षेत्रों में हो सकता है, जिनमें समय के एक आयाम और स्पेस के ठीक तीन आयाम गुड़ी-मुड़ी (कर्ल्ड अप) नहीं हैं। इसका मतलब होगा कि हम कमज़ोर एंथ्रोपिक सिद्धांत से गुहार लगा सकते हैं, बशर्ते कि हम यह दर्शा सकें कि स्ट्रिंग सिद्धांत कम-से-कम ब्रह्मांड के ऐसे क्षेत्रों की गुंजाइश दे सकता है – और ऐसा लगता है कि सचमुच ही स्ट्रिंग सिद्धांत ऐसा करता है। ब्रह्मांड के संभवतः दूसरे क्षेत्र, या दूसरे ब्रह्मांड (इसका जो भी कुछ मतलब हो) हो सकते हैं, जिनमें सारे आयाम छोटे-से रूप में गुड़े-मुड़े हों या जिसमें चार से ज़्यादा आयाम लगभग सपाट हों, लेकिन इस तरह के क्षेत्रों में ऐसे कोई समझदार प्राणी नहीं होंगे, जो प्रभावी आयामों की विभिन्न संख्याओं का पर्यवेक्षण कर सकें।

आयामों के सवाल के अलावा, स्ट्रिंग सिद्धांत के साथ एक और समस्या यह है कि इसके कम-से-कम पाँच अलग-अलग सिद्धांत हैं (दो खुले-स्ट्रिंग सिद्धांत और तीन बंद-स्ट्रिंग सिद्धांत) और लाखों ऐसे ढंग हैं, जिनमें स्ट्रिंग सिद्धांत द्वारा पूर्वानुमानित अतिरिक्त आयाम गुड़े-मुड़े हो सकते हैं। किसी एक ही स्ट्रिंग सिद्धांत और एक ही क़िस्म के गुड़े-मुड़ेपन को ही क्यों चुना जाए? एक समय तक इस सवाल का कोई जवाब नहीं सूझता था, और प्रगति ठप पड़ गई थी। फिर, लगभग 1994 से शुरू होकर, लोगों ने उन चीज़ों की खोज आरंभ की, जिन्हें द्वैतों की संज्ञा दी गई है : विभिन्न स्ट्रिंग सिद्धांतों और अतिरिक्त आयामों के गुड़े-मुड़े होने के ढंगों का नतीजा चार आयामों में वैसा ही हो सकता था। इसके अलावा, कणों के साथ-साथ, जो स्पेस में एक बिंदु घेरते हैं, और धागे, जो कि रेखाएँ हैं, पी-ब्रेंस नामक दूसरी वस्तुएँ भी मिलनी थी, जो स्पेस में दो-आयामी या उच्चतर-आयामी परिमाण घेरती थीं। (कण को 0-ब्रेन और स्ट्रिंज को 1-ब्रेन के रूप में देखा जा सकता है; लेकिन पी=2 से पी=9 तक के लिए पी-ब्रेन भी हैं। एक 2-ब्रेन को दो-आयामी झिल्ली के रूप में कल्पित किया जा सकता है। उच्चतर-आयामी ब्रेनों

की कल्पना करना मुश्किल है।) यह जिस चीज़ की ओर इशारा करता लगता है, वह यह है कि यहाँ महागुरुत्व, स्ट्रिंग और पी-ब्रेन के बीच एक क़िस्म का लोकतंत्र है (समान स्वरों के अर्थ में) : वे एक साथ फ़िट होते लगते हैं, लेकिन उनमें से किसी को भी दूसरों से ज़्यादा बुनियादी नहीं कहा जा सकता। इसकी बजाय वे सब किन्हीं ज़्यादा बुनियादी सिद्धांतों के विभिन्न अनुमान प्रतीत होते हैं, जिनमें से हर सिद्धांत विभिन्न स्थितियों में वैध है।

लोगों ने इस आधारभूत सिद्धांत की खोज की है, लेकिन उन्हें अब तक कोई कामयाबी नहीं मिली है। यह संभव है कि इस बुनियादी सिद्धांत का उससे अधिक कोई अकेला निरूपण न हो जितना, जैसा कि गोडेल ने दर्शाया था, कोई व्यक्ति अंकगणित को अभिगृहीतों के एक सेट की पदावली में निरूपित कर सकता है। इसकी बजाय वह नक़्शों की तरह हो सकता है - आप पृथ्वी की गोल सतह को या छल्ले को निरूपित करने के लिए एक सपाट नक़्शे का इस्तेमाल नहीं कर सकते : आपको पृथ्वी के मामले में कम-से-कम दो नक़्शों और छल्ले के मामले में चार नक़्शों की ज़रूरत होगी, तभी आप हर बिंदु को समाविष्ट कर सकेंगे। हर नक़्शा केवल सीमित क्षेत्र के संदर्भ में ही प्रामाणिक होता है, लेकिन विभिन्न नक़्शों में परस्पर व्याप्ति का क्षेत्र होगा। नक़्शों का समुच्चय सतह का संपूर्ण निरूपण उपलब्ध कराता है। इसी तरह, भौतिकी में विभिन्न स्थितियों में विभिन्न निरूपणों का इस्तेमाल ज़रूरी हो सकता है, लेकिन दो भिन्न निरूपण उन्हीं स्थितियों में मेल खाएँगे, जहाँ उन दोनों को लागू किया जा सके।

यह सही है कि विभिन्न निरूपणों के पूरे समुच्चय को एक संपूर्ण एकीकृत सिद्धांत के रूप में देखा जा सकता है, लेकिन वह एक ऐसा सिद्धांत होगा, जिसे अभिगृहीतों के एक सेट की पदावली में व्यक्त नहीं किया जा सकता, लेकिन तब भी यह उससे ज़्यादा होगा, जितने की गुंजाइश प्रकृति देती है। क्या यह संभव है कि कोई एकीकृत सिद्धांत न हो? कहीं ऐसा तो नहीं कि हम एक मरीचिका के पीछे भाग रहे हैं? तीन संभावनाएँ हैं :

1. *वास्तव में एक एकीकृत सिद्धांत (या परस्पर व्याप्त निरूपणों का एक समुच्चय) है, और अगर हम पर्याप्त स्मार्ट हुए, तो हम उसे एक दिन खोज लेंगे।*
2. *ब्रह्मांड का कोई अंतिम सिद्धांत नहीं है, केवल सिद्धांतों का एक अनंत सिलसिला है, जो ब्रह्मांड को उत्तरोत्तर सटीकता के साथ निरूपित करता जाता है, लेकिन वह निरूपण कभी एकदम सही नहीं होता।*
3. *ब्रह्मांड का कोई सिद्धांत नहीं है : घटनाओं का एक निश्चित सीमा से*

ज़्यादा पूर्वानुमान नहीं किया जा सकता; वे बेतरतीब और यादृच्छिक ढंग से घटित होती रहती हैं।

कुछ लोग इस आधार पर एक तीसरी संभावना का तर्क देंगे कि अगर नियमों का एक संपूर्ण सेट होगा, तो वह अपना इरादा बदलने और दुनिया में हस्तक्षेप करने की ईश्वर की आज़ादी का उल्लंघन करेगा, लेकिन चूँकि ईश्वर सर्वशक्तिमान है, ऐसे में ईश्वर अगर ख़ुद चाहे, तो क्या वह अपनी आज़ादी का उल्लंघन नहीं कर सकता? यह कुछ–कुछ इस पुराने विरोधाभास की तरह है : क्या ईश्वर किसी पत्थर को इतना भारी बना सकता है कि वह स्वयं उसे न उठा सके? दरअसल, यह धारणा कि ईश्वर अपने इरादे को बदलना चाह सकता है, उस झूठे तर्क की तरह है, जिसकी ओर सेंट ऑगस्टाइन ने संकेत किया था, जिसके तहत ईश्वर की समय में अस्तित्ववान होने की कल्पना की जाती है। समय केवल उसी ब्रह्मांड का गुण–धर्म है, जिसकी रचना ईश्वर ने की है। संभवत: जब उसने इसे स्थापित किया था, तब उसे मालूम था कि उसका इरादा क्या था!

क्वांटम मैकेनिक्स के आविष्कार के साथ हम इस बात को समझने लगे हैं कि घटनाओं का पूरी सटीकता के साथ पूर्वानुमान नहीं किया जा सकता : अनिश्चय का एक स्तर हमेशा बना रहता है। अगर आप चाहें, तो इस बेतरतीबी को ईश्वर का हस्तक्षेप कह सकते हैं, लेकिन यह बहुत ही विचित्र क़िस्म का हस्तक्षेप होगा, जहाँ इस बात का कोई प्रमाण नहीं होगा कि इसके पीछे कोई ध्येय है। सचमुच, अगर कोई ध्येय होता, तो इसका अर्थ ही यह होता कि वह बेतरतीब नहीं है। आधुनिक युग में, हमने विज्ञान के लक्ष्य को पुन:परिभाषित करते हुए उपर्युक्त तीसरी संभावना को कारगर ढंग से ख़त्म कर दिया है : हमारा लक्ष्य ऐसे नियमों को सूत्रबद्ध करना है, जो हमें अनिश्चय के सिद्धांत द्वारा निर्धारित सीमाओं तक घटनाओं का पूर्वामान करने में सक्षम बनाते हैं।

यह दूसरी संभावना कि उत्तरोत्तर परिष्कृत होते जाते सिद्धांतों का एक अनंत सिलसिला है, जो हमारे अब तक के अनुभवों से मेल खाती है। ऐसे कई अवसर आए हैं, जब हमने अपनी पैमाइशों की संवेदनशीलता को बढ़ाया है या नए पर्यवेक्षण किए हैं, जिनके चलते हमें ऐसी नई चीज़ों का पता चला है, जिनका पूर्वानुमान तत्कालीन सिद्धांतों द्वारा नहीं किया गया था, और जिनकी व्याख्या प्रदान करने के लिए हमें अधिक उन्नत सिद्धांत विकसित करना पड़ा है। उत्तरोत्तर अधिक ऊर्जा के साथ अंत:क्रिया करने वाले कणों का अध्ययन कर, हम सचमुच संरचना की ऐसी नई परतों को खोजने की उम्मीद कर सकते हैं, जो उन क्वार्कों और इलेक्ट्रॉनों से ज़्यादा बुनियादी हैं, जिन्हें हम आज 'आरंभिक' (एलिमेंट्री) कण मानते हैं।

गुरुत्वाकर्षण 'डिब्बों के भीतर डिब्बों' के इस सिलसिले की मर्यादा उपलब्ध करा सकता है। अगर हमारे पास ऐसा कोई कण है, जिसकी ऊर्जा उससे अधिक है, जिसे प्लेंक ऊर्जा कहा जाता है, तो उसका द्रव्यमान इतना घनीभूत होगा कि वह ख़ुद को बाक़ी ब्रह्मांड से काटकर अलग कर लेगा और एक छोटा-सा ब्लैक होल रच लेगा। इस तरह, ऐसा लगता है कि उत्तरोत्तर उच्च ऊर्जाओं के हमारे अध्ययन के साथ उत्तरोत्तर परिष्कृत होते जाते सिद्धांतों के सिलसिले की कोई मर्यादा होनी चाहिए, ताकि ब्रह्मांड का कोई चरम सिद्धांत हो। तब भी, प्लेंक ऊर्जा उन ऊर्जाओं से बहुत दूर की चीज़ है, जिन्हें हम आज की प्रयोगशालाओं में उत्पन्न कर पाते हैं। हम उस अंतराल को निकट भविष्य में कणों की गति बढ़ाने वाले यंत्रों (पार्टिकल एक्सेलेरेटर्स) से नहीं भरेंगे, लेकिन ब्रह्मांड की अत्यंत आरंभिक अवस्थाएँ ऐसी रंगभूमि है, जहाँ इस तरह की ऊर्जाएँ पैदा हुई होंगी। इस बात की भरपूर संभावना है कि आरंभिक ब्रह्मांड का अध्ययन और गणितीय संगति की ज़रूरतों के नतीजे में हम अपने बीच के लोगों में से कुछ के जीवन-काल में ही एक एकीकृत सिद्धांत तक पहुँच जाएँगे, इस उम्मीद के साथ कि हम सबसे पहले ख़ुद को उड़ा देने वालों में से नहीं होंगे!

अगर हम वाक़ई ब्रह्मांड का परम सिद्धांत खोज लेते हैं, तो इसका क्या मतलब होगा?

जैसा कि अध्याय 3 में दर्शाया गया है, हम कभी भी पूरे यक़ीन के साथ यह कहने की स्थिति में नहीं होंगे कि हमने सही सिद्धांत हासिल कर लिया है, क्योंकि सिद्धांतों को प्रमाणित नहीं किया जा सकता, लेकिन अगर सिद्धांत गणितीय रूप से सही हुए और उनसे हमारे पर्यवेक्षणों से मेल खाने वाले पूर्वानुमान हासिल होने लगे, तो हमारे अंदर उचित ही यह विश्वास पैदा होगा कि वह सिद्धांत सही है। उसके साथ ही ब्रह्मांड को समझने के लिए किए गए मनुष्यता के बौद्धिक संघर्ष के इतिहास का एक लंबा और गौरवशाली अध्याय समाप्त हो जाएगा, लेकिन उससे ब्रह्मांड को नियंत्रित करने वाले नियमों की साधारण व्यक्ति की समझ में भी क्रांतिकारी बदलाव आ जाएगा।

न्यूटन के समय में, एक शिक्षित व्यक्ति के लिए समूचे मानवीय ज्ञान की पकड़ संभव थी, कम-से-कम उसकी सामान्य समझ तो संभव थी ही, लेकिन तब के बाद से, विज्ञान के विकास की गति ने इसे असंभव बना दिया है, क्योंकि नए पर्यवेक्षणों की व्याख्या करने के लिए सिद्धांत हमेशा बदलते रहते हैं, वे ठीक से पचाए नहीं जा पाते या इस तरह सरलीकृत नहीं किए जाते कि साधारण लोग उन्हें समझ सकें। आपको विशेषज्ञ होना होता है, और तब भी आप सिर्फ़ यह उम्मीद ही कर सकते हैं कि आपको वैज्ञानिक सिद्धांत के छोटे-से हिस्से की सही समझ हो। फिर प्रगति

की रफ़्तार इतनी तेज़ है कि स्कूल या विश्वविद्यालय में आप जो कुछ सीख सकते हैं, वह हमेशा कुछ पुराना पड़ चुका होता है। बहुत थोड़े-से लोग होते हैं, जो ज्ञान की तेज़ी-से विकसित होती सीमाओं के साथ तालमेल बैठाए रख पाते हैं, और उन्हें अपना पूरा समय इसमें झोंक देना होता है और ज्ञान के एक छोटे-से हिस्से में विशेषज्ञता हासिल करनी होती है। बाक़ी आबादी को जारी प्रगतियों या उनसे उत्पन्न होने वाली उत्तेजनाओं की बहुत कम जानकारी होती है। दूसरी ओर, अगर एडिंग्टन की बात पर विश्वास किया जाए, तो सत्तर साल पहले मात्र दो व्यक्ति थे, जो सापेक्षता के सामान्य सिद्धांत को समझते थे। आज विश्वविद्यालय के दसियों हज़ारों स्नातक उसे समझते हैं, और करोड़ों लोग इस विचार से कम-से-कम परिचित तो हैं ही। अगर एक पूर्ण एकीकृत सिद्धांत खोज लिया जाता है, तो सिर्फ़ कुछ समय के भीतर ही उसे पचा लिया गया होगा और सरल रूप दे दिया गया होगा और स्कूलों में कम-से-कम उसकी रूपरेखा को तो पढ़ाया ही जाने लगेगा। तब हम सभी उन नियमों को समझने में सक्षम होंगे, जो इस ब्रह्मांड का नियमन करते हैं या जिनकी वजह से हमारा अस्तित्व है।

हालाँकि अगर हम एक पूरी तरह एकीकृत सिद्धांत खोज भी लेते हैं, तब भी इसका मतलब यह नहीं होगा कि हम घटनाओं का सामान्य तौर पर पूर्वानुमान कर पाने में सक्षम होंगे। दो वजहों से। पहली वजह क्वांटम मैकेनिक्स के अनिश्चय के सिद्धांत से पूर्वानुमान करने की हमारी क्षमता को सीमित किए जाने की है। इस पर विजय पाने का कोई उपाय नहीं है, हालाँकि व्यवहारत: पहली सीमा दूसरी सीमा के मुक़ाबले कम प्रतिबंधात्मक है। यह इस तथ्य से उत्पन्न होती है कि ज़्यादा संभावना इसी बात की है कि हम ऐसे सिद्धांत के समीकरणों को, सिवाय साधारण परिस्थितियों के, हल नहीं कर सकते। जैसा कि हमने कहा है, कोई भी व्यक्ति किसी ऐसे अणु के क्वांटम समीकरण को ठीक-ठीक हल नहीं कर सकता, जिसका एक नाभिक हो और एक से ज़्यादा इलेक्ट्रॉन हों। हम तो न्यूटन के गुरुत्वाकर्षण जितने सरल-से किसी सिद्धांत में तीन पिंडों की गति तक को हल नहीं कर सकते, और यह मुश्किल पिंडों की संख्या और सिद्धांत की जटिलता के बढ़ने के साथ-साथ और भी बढ़ती जाती है। अनुमानित हल सामान्य तौर पर अनुप्रयोगों के लिए पर्याप्त होते हैं, लेकिन वे उन वृहत अपेक्षाओं को बमुश्किल ही पूरा कर पाते हैं, जो 'सब कुछ के एकीकृत सिद्धांत' नामक पद से उत्पन्न होती हैं!

आज, हमें अत्यंत चरम परिस्थितियों को छोड़कर, पदार्थ के व्यवहार का नियमन करने वाले नियमों की जानकारी है, ख़ास तौर से, हम उन आधारभूत नियमों को जानते हैं, जो सारे रसायन शास्त्र और जीव विज्ञान में निहित हैं। तब भी हमने निश्चय ही इन विषयों को हल हो चुकी समस्याओं की हैसियत में नहीं घटा

दिया है। और अभी तक हमें गणितीय समीकरणों के सहारे मानवीय व्यवहार का पूर्वानुमान करने में बहुत कम सफलता मिल सकी है! इसलिए अगर हम आधारभूत सिद्धांतों का पूरा सेट हासिल कर भी लेते हैं, तो भी हम ऐसे बेहतर आकलनों की पद्धतियों को विकसित करने के बौद्धिक रूप से चुनौतीपूर्ण उद्यम से वर्षों दूर होंगे, जिनके सहारे हम जटिल और वास्तविक स्थितियों के संभावित नतीजों के बारे में उपयोगी पूर्वानुमान कर सकें। एक संपूर्ण, तर्कसंगत, एकीकृत सिद्धांत मात्र पहला क़दम है : हमारा लक्ष्य अपने आस-पास की घटनाओं, और अपने अस्तित्व की संपूर्ण समझ हासिल करना है।

निष्कर्ष

हम खुद को एक विस्मयकारी दुनिया में पाते हैं। हम जो कुछ भी अपने आस-पास देखते हैं, उसे समझना चाहते हैं और यह सवाल पूछना चाहते हैं : ब्रह्मांड की प्रकृति क्या है? उसमें हमारी क्या जगह है, और यह कि हम कहाँ से आए हैं? वह जैसा है, वैसा ही क्यों है?

इन सवालों का जवाब देने की कोशिश में हम दुनिया की कोई तसवीर चुनते हैं। जिस तरह एक तसवीर यह है कि अनंत कछुओं की एक मीनार चपटी पृथ्वी को सहारा दिए हुए है, उसी तरह सुपरस्ट्रिंगों का सिद्धांत भी एक तसवीर है। दोनों ही ब्रह्मांड के सिद्धांत हैं, हालाँकि बाद वाला सिद्धांत पहले वाले के मुक़ाबले ज़्यादा गणितीय और सटीक है। दोनों ही सिद्धांतों में पर्यवेक्षणपरक साक्ष्यों का अभाव है : किसी ने भी कभी पृथ्वी को अपनी पीठ पर उठाए उस महाकाय कछुए को नहीं देखा है, लेकिन फिर, किसी ने कभी उस सुपरस्ट्रिंग को भी नहीं देखा है, हालाँकि कछुए का सिद्धांत एक अच्छा वैज्ञानिक सिद्धांत बन पाने में नाकामयाब रहता है, क्योंकि वह पूर्वानुमान करता है कि लोगों को दुनिया की कगार से नीचे गिर सकना चाहिए। यह चीज़ अनुभव से मेल खाती नहीं पाई गई है, बशर्ते कि यह उन लोगों पर लागू न हो, जिनके बारे में माना जाता है कि वे बरमूडा ट्राइऐंगल से ग़ायब हो गए हैं!

ब्रह्मांड का निरूपण करने और उसे व्याख्यायित करने के एकदम आरंभिक सैद्धांतिक प्रयत्नों में यह विचार शामिल था कि घटनाएँ और नैसर्गिक संघटनाएँ मानवीय भावनाओं से युक्त उन आत्माओं द्वारा नियंत्रित थीं, जो अत्यंत मानवोचित और अपूर्वानुमेय ढंग से आचरण करती थीं। ये आत्माएँ नदियों, पर्वतों जैसी कुदरती चीज़ों और सूर्य तथा चंद्रमा जैसे खगोलीय पिंडों में वास करती थीं। उन्हें संतुष्ट रखना ज़रूरी होता था और मिट्टी के उपजाऊपन तथा मौसमों के चक्र को सुनिश्चित करने के लिए उनकी कृपा की गुहार लगाई जाती थी, लेकिन, धीरे-धीरे ऐसा लक्ष्य किया गया होगा कि कुछ चीज़ें हैं, जिनमें नियमितता है : सूर्य देवता को कोई बलि दी गई हो या न दी गई हो, सूर्य हमेशा पूरब से उगता है और पश्चिम में डूबता है। इसके अतिरिक्त, सूर्य, चंद्रमा, और दूसरे ग्रह आकाश में एक निश्चित मार्ग पर चलते हैं, जिसके बारे में पर्याप्त सटीकता के साथ पूर्वानुमान किया जा सकता है। सूर्य और चंद्रमा तब भी देवता हो सकते थे, लेकिन वे ऐसे देवता थे, जो ज़ाहिर

तौर पर बिना किसी अपवाद के सख़्त नियमों का पालन करते थे, बशर्ते कि हम उस कहानी को हटा दें, जिसमें जोसुआ ने सूर्य को रोक दिया था।

शुरू में, ये नियमितताएँ और नियम केवल खगोलविज्ञान और कुछ अन्य स्थितियों में प्रकट थे, लेकिन, जैसे-जैसे सभ्यता का विकास हुआ, और विशेष रूप से पिछले तीन सौ सालों में, उत्तरोत्तर और भी नियमितताएँ और नियम खोज लिए गए। इन नियमों की कामयाबी की वजह से उन्नीसवीं सदी के आरंभ में लाप्लास ने वैज्ञानिक निर्धारणवाद की परिकल्पना की; यानी उन्होंने कहा कि ऐसे नियम होंगे, जो किसी एक समय में ब्रह्मांड के विन्यास को देखते हुए बहुत स्पष्ट ढंग से उसकी विकास-प्रक्रिया का निर्धारण कर सकेंगे।

लाप्लास का निर्धारणवाद दो तरह से अधूरा था : वह यह नहीं बताता था कि नियमों का चयन किस तरह किया जाए, और वह स्पष्ट तौर पर यह नहीं बताता था कि ब्रह्मांड का आरंभिक विन्यास कैसा था। ये चीज़ें ईश्वर पर छोड़ दी गई थीं। ईश्वर को ही यह तय करना था कि ब्रह्मांड की शुरुआत कैसे हुई थी और उसने किन नियमों का पालन किया था, लेकिन ब्रह्मांड के एक बार आरंभ हो जाने के बाद वह उसमें दख़ल नहीं देता था। वस्तुतः ईश्वर उन क्षेत्रों तक सीमित था, जिन्हें उन्नीसवीं सदी का विज्ञान समझता नहीं था।

आज हम जानते हैं कि लाप्लास की निर्धारणवाद की उम्मीदें चरितार्थ नहीं हो सकती थीं, कम-से-कम उन शर्तों पर, जो उनके दिमाग़ में थीं। क्वांटम मैकेनिक्स के अनिश्चय के सिद्धांत में यह बात अंतर्निहित है कि मात्राओं के कुछ जोड़े, जैसे कि किसी कण की अवस्थिति और गति, दोनों का पूर्वानुमान पूरी सटीकता के साथ नहीं किया जा सकता। क्वांटम मैकेनिक्स इस स्थिति से उन क्वांटम सिद्धांतों के माध्यम से निपटता है, जिनमें कणों की कोई सुपरिभाषित अवस्थिति और गति नहीं होती, बल्कि जिनमें वे एक तरंग के रूप में निरूपित होते हैं। ये क्वांटम सिद्धांत इस अर्थ में निर्धारणवादी हैं कि वे समय के साथ तरंग में आने वाले बदलावों को नियम प्रदान करते हैं। इस तरह अगर हमें एक समय में तरंग के बारे में पता है, तो हम यह गणना कर सकते हैं कि किसी अन्य समय में उसका रूप क्या होगा। अपूर्वानुमेय, बेतरतीब तत्त्व केवल तब सामने आते हैं, जब हम तरंग को कणों की अवस्थिति और गति के संदर्भ में व्याख्यायित करने की कोशिश करते हैं, लेकिन हो सकता है, यह हमारी ग़लती हो : हो सकता है कि कणों की कोई अवस्थिति और गति हो ही नहीं, केवल तरंगें ही हों। यह ऐसा है कि हम तरंगों को अवस्थितियों और गतियों के पहले से मान ली गई धारणाओं में फ़िट करने की कोशिश करते हों। इसके परिणामस्वरूप उत्पन्न होने वाला बेमेल स्पष्ट अप्रत्याशितता का कारण है।

वस्तुत: हमने विज्ञान के उद्यम को ऐसे नियमों की खोज के रूप में पुनर्परिभाषित किया है, जो हमें अनिश्चय के सिद्धांत द्वारा निर्धारित सीमाओं के भीतर घटनाओं का पूर्वानुमान करने में सक्षम बनाएँगी, लेकिन यह सवाल तब भी बना रहता है : ब्रह्मांड की आरंभिक अवस्था के नियमों का चयन कैसे और क्यों किया गया था?

इस किताब ने उन नियमों को विशेष प्रमुखता दी है, जो गुरुत्वाकर्षण को नियंत्रित करते हैं, क्योंकि गुरुत्वाकर्षण ही वह शक्ति है, जो ब्रह्मांड की बड़े पैमाने की संरचना को आकार देती है, बावजूद इसके कि वह चार तरह के बलों में सबसे कमज़ोर बल है। गुरुत्वाकर्षण के नियम अभी हाल के समय तक बरक़रार रहे इस दृष्टिकोण के साथ असंगत थे कि ब्रह्मांड समय में अपरिवर्तनशील है : इस तथ्य का कि गुरुत्व का आकर्षण हमेशा क़ायम रहता है, यह अभिप्राय है कि ब्रह्मांड या तो फैल रहा है या सिकुड़ रहा है। सामान्य सापेक्षता के सिद्धांत के मुताबिक़, अतीत में निश्चय ही अनंत घनत्व की अवस्था रही होगी, उस बिग बैंग की अवस्था, जो समय की एक प्रभावशाली शुरुआत रही होगी। इसी तरह, अगर पूरा ब्रह्मांड सिकुड़ जाता है, तो भविष्य में अनंत घनत्व की एक और स्थिति पैदा होगी, विराट चरमराहट की स्थिति, जो कि समय का अंत होगा। अगर समूचा ब्रह्मांड नहीं भी सिकुड़ता, तो भी किन्हीं भी ऐसे स्थानीय क्षेत्रों में अंतहीन सघनता होगी, जो सिकुड़कर ब्लैक होल बन जाएँगे। ये अंतहीन सघनताएँ ऐसे किसी भी व्यक्ति के लिए समय का अंत होंगी, जो उस ब्लैक होल में गिर जाएगा। बिग बैंग और अन्य अंतहीन सघनताओं के समय सारे नियम भंग हो गए होंगे, इसलिए ईश्वर को तब भी यह चुनाव करने की संपूर्ण स्वतंत्रता रही होगी कि क्या हो और ब्रह्मांड की शुरुआत कैसे हो।

जब हम क्वांटम मैकेनिक्स के साथ सामान्य सापेक्षता को मिला देते हैं, तो वह संभावना दिखाई देने लगती है, जो पहले पैदा नहीं हुई थी : यह कि अंतरिक्ष और समय मिलकर अंतहीन सघनताओं या सरहदों से रहित एक सीमित, चार-आयामी स्पेस रच सकते हैं, पृथ्वी की भाँति किन्तु उससे अधिक आयामों वाला स्पेस। ऐसा प्रतीत होता है कि यह चीज़ ब्रह्मांड के बहुत-से पर्यवेक्षित लक्षणों की व्याख्या उपलब्ध करा देगी, जैसे कि उसकी बड़े पैमाने की एकरूपता और समरूपता से अपेक्षाकृत छोटे पैमाने के प्रस्थान, जैसे कि नक्षत्र-पुंज, नक्षत्र, और यहाँ तक कि मनुष्य भी, लेकिन अगर ब्रह्मांड पूरी तरह से स्वत:पूर्ण है, जिसमें कोई अंतहीन सघनताएँ और सरहदें नहीं हैं, और वह एकीकृत सिद्धांत द्वारा पूरी तरह निरूपित है, तो इसमें सर्जक के रूप में ईश्वर की भूमिका के गंभीर निहितार्थ हैं।

एक बार आइंस्टाइन ने पूछा था कि ''ईश्वर के पास ब्रह्मांड को रचने का कितना विकल्प था?'' अगर सरहद-हीनता का प्रस्ताव सही है, तो ईश्वर के पास

आरंभिक परिस्थितियों को चुनने का कोई विकल्प नहीं था। बेशक, ईश्वर के पास तब भी उन नियमों को चुनने की आज़ादी रही होगी, जिनका पालन ब्रह्मांड करता था। यह कोई उतना बड़ा विकल्प नहीं रहा होगा; हो सकता है कि स्ट्रिंग सिद्धांत जैसे उन संपूर्ण एकीकृत सिद्धांतों में शायद सिर्फ़ एक सिद्धांत हो, या उनकी कोई छोटी-सी संख्या हो, जो अपने साथ सुसंगत हों और मनुष्य जैसी जटिल संरचनाओं के अस्तित्व की गुंजाइश देती हों, जो ब्रह्मांड के नियमों की पड़ताल कर सकते हैं और ईश्वर की प्रकृति के बारे में सवाल पूछ सकते हैं।

अगर सिर्फ़ एक संभावित एकीकृत सिद्धांत है, तब भी वह नियमों और समीकरणों का एक समुच्चय भर है। वह क्या चीज़ है, जो समीकरणों में ऊर्जा फूँकती है और उन्हें ब्रह्मांड का निरूपण करने के योग्य बनाती है? गणितीय मॉडल रचने का विज्ञान का ढंग इस सवाल का जवाब नहीं दे सकता कि ब्रह्मांड आख़िर अस्तित्व में होने का उद्यम करता ही क्यों है। क्या एकीकृत सिद्धांत इतना सम्मोहक है कि वह ख़ुद ही अपना अस्तित्व घटित करता है? या सचमुच ही कोई सर्जक है, और अगर ऐसा है तो, क्या ब्रह्मांड पर उसका कोई और प्रभाव पड़ता है? और उस सर्जक की रचना किसने की?

अब तक ज़्यादातर वैज्ञानिक उन नए सिद्धांतों के विकास में बहुत ज़्यादा मशगूल रहे हैं, जो इस बात के स्वरूप का निरूपण करते हैं, ताकि यह पूछा जा सके कि वह वैसा क्यों है। दूसरी ओर, जिन लोगों, यानी दार्शनिकों, का काम क्यों का प्रश्न पूछना है, वे विज्ञान के सिद्धांतों के साथ क़दम-ताल मिलाकर नहीं चल सके हैं। अठारहवीं सदी में, दार्शनिक, विज्ञान समेत संपूर्ण मानवीय ज्ञान को अपना कार्यक्षेत्र मानते थे और इस तरह के सवालों पर चर्चा किया करते थे कि क्या ब्रह्मांड की कोई शुरुआत है, लेकिन उन्नीसवीं और बीसवीं सदी में विज्ञान, विशेषज्ञों को छोड़, दार्शनिकों और किन्हीं भी अन्य लोगों के लिए बहुत ही तकनीकी और गणितीय मसला हो गया। दार्शनिकों ने अपनी पड़ताल के दायरे को इतना संकुचित कर दिया कि बीसवीं सदी के सर्वाधिक प्रसिद्ध दार्शनिक विट्गेंस्टाइन को कहना पड़ा कि "अब दार्शनिकों के लिए, जो एकमात्र उद्यम बचा रहा गया है, वह भाषा का विश्लेषण है।" अरस्तू और कांट की दार्शनिक परंपरा से क्या ही गिरावट!

अगर हम एक संपूर्ण सिद्धांत खोज लेते हैं, तो उसे ऐसा होना चाहिए कि अंततः महज़ थोड़े-से वैज्ञानिक ही नहीं, बल्कि हर कोई समझ सके। तभी हम सब, दार्शनिक, वैज्ञानिक, और महज़ साधारण लोग भी इस सवाल को लेकर चर्चा में हिस्सा ले सकेंगे कि ऐसा क्यों है कि हमारा और ब्रह्मांड का अस्तित्व है। अगर हम इस सवाल का जवाब पा सके, तो मानवीय बुद्धि की अंतिम रूप से जीत होगी – क्योंकि तब हम ईश्वर के दिमाग़ को समझ सकेंगे।

ऐल्बर्ट आइंस्टाइन

परमाणु बम की राजनीति के साथ आइंस्टाइन का संबंध सुविदित है : उन्होंने राष्ट्रपति फ्रेंकलिन रूज़वेल्ट के नाम पर लिखे गए उस ख़त पर हस्ताक्षर किए थे, जिसमें संयुक्त राज्य अमेरिका से इस विचार को गंभीरता से लेने का आग्रह किया गया था, और वे परमाणु युद्ध को रोकने के युद्धोत्तर प्रयत्नों में शामिल रहे थे, लेकिन ये राजनीति की दुनिया में घसीट ले जाए गए एक वैज्ञानिक के महज़ अकेले कार्य नहीं थे। दरअसल, आइंस्टाइन का जीवन, उन्हीं के शब्दों में कहें तो, ''राजनीति और समीकरणों के बीच विभाजित था।''

आइंस्टाइन की शुरुआती राजनीतिक गतिविधियाँ पहले विश्व युद्ध के दौरान सामने आई थीं, जब वे बर्लिन में प्रोफ़ेसर थे। जिस चीज़ को वे मनुष्य की ज़िंदगियों की बर्बादी के रूप में देखते थे, उससे परेशान होकर वे युद्ध-विरोधी प्रदर्शनों में शामिल हो गए थे। सविनय अवज्ञा का समर्थन और सेना में जबरन भर्ती किए जाने से इंकार करने के लिए लोगों को सार्वजनिक रूप से प्रोत्साहित करने के प्रयत्नों ने उन्हें उनके सहकर्मियों के स्नेह से वंचित किया था। फिर, युद्ध के बाद, उन्होंने राष्ट्रों के बीच मेल-मिलाप और अंतरराष्ट्रीय संबंधों में सुधार लाने की दिशा में प्रयत्न किए। इस चीज़ ने भी उन्हें जनप्रिय नहीं बनाया, और उनकी राजनीति ने जल्दी ही अमेरिका में उनकी यात्रा को मुश्किल बना दिया। यहाँ तक कि वहाँ जाकर व्याख्यान देना भी उनके लिए मुश्किल हो गया।

आइंस्टाइन का दूसरा बड़ा ध्येय यहूदीवाद था। यद्यपि वे यहूदियों के वंशज से थे, लेकिन आइंस्टाइन ने ईश्वर के बाइबिल संबंधी विचार का तिरस्कार कर दिया था, लेकिन प्रथम विश्व युद्ध के पहले और उसके दौरान यहूदी-विद्वेष के प्रति बढ़ती हुई जागरूकता की वजह से वे धीरे-धीरे यहूदी समुदाय के प्रति तादात्म्य स्थापित करते गए थे, और बाद में यहूदीवाद के मुखर समर्थक बन गए थे। एक बार फिर अलोकप्रियता उन्हें अपने विचारों को व्यक्त करने से नहीं रोक सकी। उनके सिद्धांतों पर हमले होने लगे; यहाँ तक कि एक आइंस्टाइन-विरोधी संगठन

तक खड़ा हो गया। आइंस्टाइन की हत्या के वास्ते लोगों को भड़काने के लिए एक आदमी को दोषी पाया गया (और उसे मात्र छह डॉलर का जुर्माना भरने की सज़ा दी गई), लेकिन आइंस्टाइन शांतचित्त बने रहे। जब *100 ऑथर्स अगेंस्ट आइंस्टाइन* (आइंस्टाइन के ख़िलाफ़ 100 लेखक) नामक किताब प्रकाशित हुई, तो उन्होंने कड़ा उत्तर देते हुए कहा, ''अगर मैं ग़लत होता, तो एक ही लेखक काफ़ी होता!''

1933 में हिटलर सत्ता में आया। आइंस्टाइन अमेरिका में थे। उन्होंने जर्मनी न लौटने का ऐलान कर दिया। इसके बाद, जब नाज़ी सैनिकों ने उनके मकान पर छापा मारा और उनका बैंक अकाउंट ज़ब्त कर लिया, तो बर्लिन के एक अख़बार ने हैडलाइन दी कि ''आइंस्टाइन की ओर से अच्छी ख़बर - वे वापस नहीं आ रहे हैं।'' नाज़ी ख़तरे को देखते हुए, आइंस्टाइन ने शांति-मार्ग को त्याग दिया, और अंततः जर्मन विज्ञानियों द्वारा परमाणु बम बनाए जाने की आशंका के चलते, उन्होंने सुझाव दिया कि अमेरिका अपना बम बना ले, लेकिन पहले अणु बम के विस्फोट के पहले ही, वे परमाणु युद्ध के ख़तरों को लेकर सार्वजनिक तौर पर चेतावनी दे रहे थे और परमाणु हथियारों पर अंतरराष्ट्रीय नियंत्रण का प्रस्ताव कर रहे थे।

अपने पूरे जीवनकाल के दौरान, शांति की दिशा में किए गए आइंस्टाइन के प्रयत्न ऐसा बहुत कम हासिल कर सके, जो टिकाऊ होता - और निश्चय ही इसके नतीजे में उन्हें बहुत कम लोगों की मैत्री हासिल हो सकी, लेकिन यहूदीवाद के प्रति उनके मुखर समर्थन को 1952 में यथोचित सम्मान प्राप्त हुआ, जब उनके समक्ष इज़रायल के राष्ट्रपति पद का प्रस्ताव रखा गया। उन्होंने यह कहते हुए इस पेशकश से इंकार कर दिया कि राजनीति के मामले में मैं बहुत बचकाना हूँ, लेकिन उनकी वास्तविक वजह शायद भिन्न थी : एक बार फिर उन्हीं के शब्दों का सहारा लिया जाए तो, ''समीकरण मेरे लिए ज़्यादा महत्त्वपूर्ण हैं, क्योंकि राजनीति का संबंध वर्तमान से होता है, लेकिन समीकरण शाश्वत होते हैं।''

गैलीलियो गैलिली

गैलीलियो संभवत: एकमात्र ऐसे व्यक्ति हैं, जिन्हें आधुनिक विज्ञान के जन्म का श्रेय जाता है। कैथोलिक चर्च के साथ उनकी प्रसिद्ध तक़रार उनके दर्शन के केंद्र में थी, क्योंकि गैलीलियो यह तर्क देने वाले पहले व्यक्ति थे कि मनुष्य यह समझने की उम्मीद कर सकता है कि दुनिया किस तरह काम करती है और, इससे भी ज़्यादा यह बात कि यह काम वह वास्तविक दुनिया का पर्यवेक्षण करते हुए कर सकता है। गैलीलियो बहुत शुरुआत से ही कॉपरनिकस के सिद्धांत (कि ग्रह सूर्य की परिक्रमा करते हैं) में विश्वास करते आए थे, लेकिन जब उन्हें इस धारणा की पुष्टि के लिए ज़रूरी प्रमाण मिल गया, तब जाकर ही उन्होंने इसे सार्वजनिक तौर पर स्वीकारना शुरू किया। उन्होंने कॉपरनिकस के सिद्धांत के बारे में इतालवी में लिखा (अकादमिक लैटिन में नहीं, जिसका सामान्यत: उपयोग किया जाता था), और जल्दी ही उनके दृष्टिकोणों को विश्वविद्यालयों के बाहर व्यापक रूप से स्वीकार किया जाने लगा। इस बात ने अरस्तू की पैरवी करने वाले प्रोफ़ेसरों को तंग कर दिया और वे उनके ख़िलाफ़ संगठित हो गए और उन्होंने कैथोलिक चर्च को कॉपरनिकसवाद पर प्रतिबंध लगाने के लिए मनाना शुरू कर दिया।

इससे परेशान होकर गैलीलियो चर्च के अधिकारियों से बात करने के लिए रोम की यात्रा पर गए। उन्होंने तर्क दिया कि बाइबिल का इरादा हमें वैज्ञानिक सिद्धांतों के बारे में कुछ भी बताने का नहीं था और यह कि यह कल्पना करना सामान्य बात है कि जहाँ बाइबिल कॉमन सेंस से टकराती है, वह रूपकात्मक होती है।

लेकिन चर्च उस बदनामी से भयभीत थी, जो प्रोटेस्टियनवाद के ख़िलाफ़ उसकी लड़ाई को कमज़ोर कर सकती थी, इसलिए उसने दमनकारी उपाय अपनाए। उसने 1616 में कॉपरनिकसवाद को 'छद्म और मिथ्या' घोषित कर दिया और गैलीलियो को आदेश दिया कि वे आगे से कभी भी उस सिद्धांत का 'बचाव या अंगीकार' न करें। गैलीलियो ने इसे चुपचाप मान लिया।

1623 में गैलीलियो के एक पुराने दोस्त पोप बन गए। गैलीलियो तुरंत ही 1616 के उस आदेश को रद्द कराने की कोशिश में लग गए। वे नाकामयाब रहे, लेकिन उन्होंने किसी तरह से अरस्तू और कॉपरनिकस के सिद्धांतों पर एक किताब लिखने की अनुमति हासिल कर ली। इसके लिए उनके समक्ष दो शर्तें रखी गईं : वे किसी का भी पक्ष नहीं लेंगे, और वे इस निष्कर्ष पर पहुँचेंगे कि मनुष्य किसी भी सूरत में यह निर्धारित नहीं कर सकता कि दुनिया किस तरह काम करती है, क्योंकि परेमश्वर उन्हीं प्रभावों को ऐसी विधियों से उत्पन्न कर सकता है, जिनकी कल्पना मनुष्य नहीं कर सकता। वह परमेश्वर की सर्वशक्तिमत्ता पर कोई अवरोध खड़े नहीं कर सकता।

डायलॉग कॅन्सर्निंग द टू चीफ़ वर्ल्ड सिस्टम्स नामक वह किताब 1632 में पूरी होकर प्रकाशित हुई, जिसे सेंसर का पूरा समर्थन प्राप्त था – और समूचे यूरोप में साहित्य तथा दर्शन की एक उत्कृष्ट कृति के रूप में उसका स्वागत किया गया। जल्दी ही पोप को इस बात का अहसास हो गया कि लोग उस किताब को कॉपरनिकसवाद के पक्ष में एक विश्वसनीय तर्क की तरह देख रहे हैं, और उन्हें किताब को प्रकाशित करने की छूट देने को लेकर पछतावा होने लगा। पोप का तर्क था कि यद्यपि किताब को सेंसर की अधिकृत अनुमति प्राप्त थी, तब भी गैलीलियो ने 1616 के आदेश की अवहेलना की थी। उन्होंने गैलीलियो को धार्मिक न्यायाधिकरण के सुपुर्द कर दिया, जिसने उन्हें आजीवन घर में क़ैद रहने की सज़ा सुनाई और उन्हें सर्वाजनिक रूप से कॉपरनिकसवाद का खंडन करने का आदेश दिया। यह दूसरी बार था, जब गैलीलियो ने सिर झुकाकर आदेश को स्वीकार कर लिया।

गैलीलियो आस्थावान कैथोलिक बनकर रहे, लेकिन विज्ञान की स्वाधीनता में उनका विश्वास अटूट बना रहा। अपनी मृत्यु के चार वर्ष पहले, 1642 में, जिस दौरान वे अपने घर में क़ैद थे, उनकी दूसरी महत्त्वपूर्ण किताब की पांडुलिपि ग़ैरक़ानूनी ढंग से हॉलैंड के एक प्रकाशक के पास पहुँचा दी गई। यही वह कृति थी, जिसे टू *न्यू साइंसेज़* के नाम से जाना जाता है, जो कॉपरनिकस के प्रति उनके समर्थन से ज़्यादा, आधुनिक भौतिकी की उत्पत्ति का कारण बनने वाली थी।

आइज़ैक न्यूटन

आइजैक़ न्यूटन ख़ुशनुमा व्यक्ति नहीं थे। दूसरे अकादमिकों के साथ उनके रिश्ते कुख्यात थे, जिसके चलते उनका बाद का ज़्यादातर जीवन उग्र विवादों में उलझा रहा। *प्रिंसिपिया मैथामैटिका*– जो निश्चय ही भौतिकी पर लिखी गई अब तक की सबसे ज़्यादा प्रभावशाली किताब है – के प्रकाशन के बाद न्यूटन की सार्वजनिक शोहरत बहुत तेज़ी–से बढ़ी। उन्हें रॉयल सोसायटी का अध्यक्ष नियुक्त कर दिया गया और वे नाइट (सर) की उपाधि प्राप्त करने वाले पहले विज्ञानी बन गए।

जल्दी ही एस्ट्रोनॉमर रॉयल, जॉन फ़्लेम्स्टीड के साथ उनका टकराव होने लगा। ये वही फ़्लेम्स्टीड थे, जिन्होंने उन्हें *प्रिंसिपिया* के लिए अत्यंत आवश्यक जानकारी उपलब्ध कराई थी, किन्तु बाद में वे ऐसी जानकारी दबाए बैठे थे, जिसकी न्यूटन को ज़रूरत थी। न्यूटन ना सुनने वालों में से नहीं थे : उन्होंने रॉयल ऑब्ज़र्वेटरी की गवर्निंग बॉडी में अपनी नियुक्ति कराई और बलपूर्वक उस जानकारी को तत्काल प्रकाशित कराने का प्रयत्न किया। अंततः उन्होंने फ़्लेम्स्टीड के काम को ज़ब्त कराने का इंतज़ाम किया और उसे फ़्लेम्स्टीड के जानी दुश्मन एड्मंड हेले द्वारा प्रकाशित कराए जाने की तैयारी की, लेकिन फ़्लेम्स्टीड इस मामले को अदालत में ले गए और, आख़िरी क्षणों में उन्होंने अदालत से चुराए गए काम के वितरण पर रोक लगाने का आदेश पारित करा लिया। न्यूटन बुरी तरह कुढ़ गए और उन्होंने *प्रिंसिपिया* के बाद के संस्करणों से फ़्लेम्स्टीड के सारे संदर्भों को विधिवत हटाते हुए अपना बदला चुका लिया।

इससे भी ज़्यादा गंभीर विवाद जर्मन दार्शनिक गॉटफ़्रीड लिबनिज़ के साथ हुआ। लिबनिज़ और न्यूटन, दोनों ने अपने–अपने स्तर पर गणित की एक शाखा विकसित की थी, जिसे कैल्कुलस के नाम से जाना जाता है, जो कि ज़्यादातर आधुनिक भौतिकी की बुनियाद है, हालाँकि आज हम जानते हैं कि न्यूटन ने लिबनिज़ से वर्षों पहले कैल्कुलस की खोज कर ली थी, लेकिन उन्होंने अपने इस काम को काफ़ी बाद में प्रकाशित किया। इस बात को लेकर बहुत बड़ा विवाद

खड़ा हो गया कि इस खोज को करने वाला पहला व्यक्ति कौन था, जिसमें विज्ञानी दोनों ही दावेदारों का बचाव कर रहे थे, लेकिन यह बात उल्लेखनीय महत्त्व रखती है कि न्यूटन के बचाव में जो भी लेख प्रकाशित हो रहे थे, उनमें से ज़्यादातर ख़ुद न्यूटन के लिखे थे, हालाँकि वे उनके दोस्तों के नाम से प्रकाशित हो रहे थे! जब यह हंगामा बढ़ गया, तो लिबनिज़ इस विवाद के हल के लिए रॉयल सोसायटी में अपील करने की ग़लती कर बैठे। न्यूटन ने सोसायटी के अध्यक्ष की हैसियत से मामले की जाँच के लिए एक 'निष्पक्ष' समिति गठित कर दी, जिसमें संयोग से सारे-के-सारे सदस्य न्यूटन के दोस्त थे! लेकिन मामला सिर्फ़ इतना ही नहीं था : इसके बाद न्यूटन ने ख़ुद ही समिति की रिपोर्ट लिखी और उसे रॉयल सोसायटी से प्रकाशित कराया, जिसमें लिबनिज़ पर साहित्य चोरी करने का अधिकृत आरोप लगाया गया। वे इतने से भी संतुष्ट नहीं हुए और उन्होंने रॉयल सोसायटी की अपनी पत्रिका में उस रिपोर्ट की समीक्षा प्रकाशित कराई। लिबनिज़ की मृत्यु के बाद, बताया जाता है कि न्यूटन ने यह घोषणा की कि 'लिबनिज़ का दिल तोड़ने' में उन्हें बेहद संतोष प्राप्त हुआ था!

इन दो विवादों के दौरान न्यूटन कैम्ब्रिज और शैक्षणिक समुदाय छोड़ चुके थे। वे कैम्ब्रिज में और बाद में संसद में कैथोलिक-विरोधी राजनीति में सक्रिय रहे थे, और नतीजतन उन्हें इनाम के तौर पर वॉर्डन ऑफ़ रॉयल मिंट का लाभदायक पद प्रदान किया गया। यहाँ उन्होंने सामाजिक तौर पर अधिक स्वीकार्य ढंग से कुटिलता और क्रूरतापूर्ण व्यवहार के लिए अपनी प्रतिभा का इस्तेमाल किया और जालसाज़ी के ख़िलाफ़ बहुत बड़ा अभियान चलाया, जिसके तहत उन्होंने कई लोगों को फाँसी के फंदे तक भी पहुँचाया।

लेखकों के बारे में

स्टीफ़न हॉकिंग कैम्ब्रिज विश्वविद्यालय में लूकासियन प्रोफ़ेसर ऑफ़ मैथामेटिक्स थे। सामान्य पाठकों के लिए लिखी गई उनकी अन्य किताबों में *ब्लैक होल्स ऐंड बेबी यूनिवर्सेज़* (निबंध संग्रह) और द *यूनिवर्स इन अ नटशेल* शामिल हैं।

लियोनार्ड म्लोडिनाउ इस नए संस्करण के लिए स्टीफ़न हॉकिंग के सहयोगी रहे हैं। उन्होंने केल्टेक में पढ़ाया है और स्टार ट्रैक : द *नेक्स्ट जनरेशन* के लिए लिखा है। उनकी किताबों में *यूक्लिड्स विंडो* और *फ़ेनमैन्सरेनबो* शामिल हैं और उन्होंने बच्चों की किताब-शृंखला द *किड्स ऑफ़ आइंस्टाइन एलिमेंट्री* के लिए सहलेखन किया है।

अनुवादक के बारे में

मदन सोनी हिंदी के लेखक हैं। आलोचना पर केंद्रित उनकी अनेक पुस्तकें प्रकाशित हैं तथा उन्होंने विश्व के कई शीर्षस्थ लेखकों और चिंतकों की एक दर्जन से अधिक किताबों के अनुवाद किए हैं। मंजुल पब्लिशिंग हाउस के लिए, उनके द्वारा किए गए अनुवादों में हरमन हेस का उपन्यास *सिद्धार्थ*, डैन ब्राउन का उपन्यास द *विंची कोड*, पाओलो कोएलो का उपन्यास *अॅल्केमिस्ट*, कीगो हिगाशिनो का उपन्यास *डिवोशन ऑफ़ द सस्पेक्ट एक्स*, युवाल नोआ हरारी की पुस्तकें *सेपियंस : मानव-जाति का संक्षिप्त इतिहास*, *होमो डेयस*, और *21वीं सदी के लिए 21 सबक़* आदि शामिल हैं। उनसे madansoni12@gmail.com पर संपर्क किया जा सकता है।

www.ingramcontent.com/pod-product-compliance
Lightning Source LLC
LaVergne TN
LVHW040027051026
849525LV00003B/1002
* 9 7 8 9 3 5 5 4 3 4 6 0 9 *